家庭咨询师手记

亲密关系中的个人成长

赖杞丰（Jerry）◎著

中国纺织出版社有限公司

著作权合同登记号：图字：01-2021-0351

图书在版编目（CIP）数据

家庭咨询师手记：亲密关系中的个人成长 / 赖杞丰著. -- 北京：中国纺织出版社有限公司，2021.5

ISBN 978-7-5180-8375-6

Ⅰ. ①家… Ⅱ. ①赖… Ⅲ. ①家庭关系—社会心理学 Ⅳ. ①C913.11

中国版本图书馆CIP数据核字（2021）第027822号

责任编辑：闫　星　　责任校对：江思飞　　责任印制：储志伟

中国纺织出版社有限公司出版发行

地址：北京市朝阳区百子湾东里A407号楼　邮政编码：100124

销售电话：010—67004422　传真：010—87155801

http://www.c-textilep.com

中国纺织出版社天猫旗舰店

官方微博 http://weibo.com/2119887771

三河市宏盛印务有限公司印刷　各地新华书店经销

2021年5月第1版第1次印刷

开本：880×1230　1/32　印张：8

字数：146千字　定价：49.80元

凡购本书，如有缺页、倒页、脱页，由本社图书营销中心调换

推荐序1 |

一双拥抱人间的老茧手

杨蓓（法鼓文理学院副教授）

赖杞丰（Jerry），是个传奇，终于出书了。

本以为这是一本自传，看了之后才发现这是他多年来的工作心得。他像一个离家多年的游子，用一双历尽风霜的手，捧着这些无形的珍宝，带回给家人分享。

读内文期间，脑海还会浮出他时而喟叹、时而得意、时而哽咽的表情，无限唏嘘。

多年来，我总在他出外云游回台时，相约喝咖啡，听着他或眉飞色舞，或深情款款，或感慨万千地叙说在外的种种境遇，深深感受他在生命的转折中，走进家庭治疗的满足。这一门技艺，是他寻找生命出路中，用以安定自己，也反馈这个时代的献礼。

唯有经历苦境的人才深知苦为何物。年少时心里的漂泊无依，浑然不觉，反而扛起照顾家人的责任，其中的艰难，总是在满足他人和希冀天下太平之间摆荡，让我想起常在治疗现场听到的一句话：只有全家平安无事，我才心安。走过一些岁月的人都知道，全家人即使平安无事，毕竟是多少的逐浪起伏之后的福德因缘所致。可是Jerry一番领悟之后，决定带着自己的心酸，去拥抱更多人的辛酸，化泪水为清醒的引介，重新燃起前行的力量，在亦师亦友的道路上，互相为伴。

江湖永远都存在，也永远是最接地气的。Jerry是江湖中人，不拘一格的治疗手法，有时舞大刀，有时细绣花，撩拨着在人生舞台上受苦的人，在嬉笑怒骂间，让人丢盔弃甲，臣服在婆娑世界。他前半生的经历，让他在提起放下之间增添了直面逆境的坦然和勇气，因此学院派的人可能无法领略各种不按套路出牌的痛快，因为他心中自有洞天，可以容纳五湖四海。所以他的书中硬要归纳出“外遇”“掌控”等专业视角，我颇不以为然，只期许他下一本书可以用赖氏风格的语言来说故事。

这是一个华人文化尚未找回自信的年代，Jerry承袭几位西方家庭治疗前辈的教导，为了承诺，兢兢业业游走在个人风格与西方思维之间，希冀在传统家庭文化之间注入“成为自己”的元素，为现代家庭在不中不西之间找一条平衡的出路。我想，这是我辈华人治疗师无法回避的宿命，因此我反而在他的书中，不时敏锐地察觉到家人关系中的“安忍”与“圆满”。Jerry用一双茧手挽着双方，秤斤论两地讨价还价。“成为自己”只是过程，到头来双方会领悟到关系要走向整合，学习到的是如何不委屈自己的智慧。这又何尝不是华人治疗师在本土化过程中所体现的智慧。

这本书是个逗号，希望还有下一个逗号，因为有人就有江湖，江湖中人才能拥抱江湖。

推荐序2 |

我们共同的愿景

林丽纯（华人心理治疗研究发展基金会家庭治疗师）

Jerry要出书，传来信息：“希望你写点东西，骂我也行。”按我对他的了解，这句话可翻译成：“别管我，你想怎么写就怎么写！”他希望我可以自由地写，我却一点也不觉得自由。认识Jerry超过二十年，我要写什么好呢？

过去十多年，每年大半的时间他人都在大陆工作，等过年过节或累了才返台休息，他回来总想办法跟我见面聊聊。我们在专业上曾经是同修的伙伴，玛莉亚·葛莫利（Maria Gomori）、约翰·贝曼（John Banmen）和李维榕是我们共同的老师。后来他跟着前二位学习萨提亚模式多，而我跟着李维榕学习家庭治疗久。因着共同的语言，我们聊自己的事也交流专业，他最热衷分享的是雕塑的历程，他如何评估、构思、介入与结果，每每听得我好奇不已，巴不得亲临现场探探究竟。

2015年8月他在台湾南投日月潭进行四天三夜的工作坊，这是他在大陆一个家庭重塑学习班的课程之一，除了几位在实践大学修过他的课的学生，从大陆各省来了约二十位学员，我也应邀观摩参与。我们纸上谈兵多年，这次终于有机会体验Jerry的实际教学。第一天从台北一早赶到会场，我已经感受到特别的团体氛围，有人称他老爹，有人叫他娘，自发的称爹叫娘传达的是赤裸的真情。我不清楚这是不是大陆同胞习以为常的表达方式，还是Jerry对他们的教学给他们这种触动。心理治疗模式里，有讲求修复个案内在小孩创伤的工作，其中一个方式是reparenting，意指治疗师在治疗中为个案创造一个可信任、安全的关系，就如孩子成长所需的滋养关系，个案最终得以学习reparenting自己。说得直白一点，就如治疗师变成再生父母一般，陪伴个案（重新）体验过往的创伤，给予同理、接纳与支持，协助个案重新拾得对他人及自己的信任与希望感。但学院派的心理治疗师讲求的是与个案维持适当的界限，考量的点大抵是，为创造治疗关系中的安全性与可预测性、保护个案不受治疗师潜意识需求所利用、避免个案为了维持与治疗师之间的友好关系而委屈自己，或支持个案为自己的人生负责等。所以学院派的心理治疗师只允许自己暗中当滋养的父母，果真被个案叫爹娘，大概要心惊胆战地撇清、划界限，但江湖派的Jerry一派气定神闲，再自然不过的样子！

四天工作坊中我看到的Jerry就如我认识多年的他，时而严肃、时而温柔，下一秒钟可能娇嗲作态，或酸人或损人，转眼间又热泪盈眶、嘻笑怒骂，他一直是这么真性情。当然真性情在某些情境中是让人很不舒服的，但也让人可以信任，因为透明。他不必完美，也许这就是他的魅力！我一方面享受团体中自由温暖的氛围，一方面欣赏Jerry如行云流水般的工作，见证他多年专注投入的成果。

多年来，我在台湾投身心理咨询专业团体，关注专业养成与公共事务的接轨，常面对怎样的专业训练才足以应对一般人所需的心理服务的议题。随着全社会开始重视心理健康，心理咨询师这个行业变得热门起来。我看着优秀、认真的年轻人一波一波投入，心想他们有限的人生阅历要如何贴近一般人生活中不同的难处。而大学研究所因应资格证考试的方式，课程变得千篇一律，难以跟上社会变化。心理咨询与心理治疗是一门结合专业与自我的技艺，目前资格证考试用纸笔测验筛选，就像是开车不必路考拿驾照，只需纸笔测验即可上路一样荒谬。

两年前某日我和Jerry如往常约喝咖啡，聊到专业助人者即使工作模式不同，仍需具备一些共通的条件。看他讲得认真，我开玩笑地请Jerry老师开讲，他娓娓道来从事这项行业的初心、个人特质、人生阅历和理论基础与训练的重要性，其中前三项都与助人者这个人有关——我很高兴Jerry终于将他所知所学的一部分化为文字，这本书不仅如实呈现他作为促发个案改变之媒介的这个人，也鲜活地呈现他如何用“自己”与个案工作。

心理治疗师不必是完人，但需要觉察、审视自己对治疗的影响，做出对个案有益的回应。至于如何训练这项能力，是我和Jerry共同的愿景。

又轻盈又厚重的灵魂

刘丹（清华大学学生心理发展指导中心副主任）

Jerry是我的好朋友，有一天突然发来书稿，邀请我写序。

我津津有味地读了十几页后，突然就迷惑起来。我突然就觉得，这十几万字的书稿，一定不会是Jerry写的。所有这些动人的文字、精准的细节、清晰的逻辑、深入的思考，怎么会是Jerry写的呢？不是说Jerry没有能力写出来，而是说，我认识的Jerry，根本就不会去写啊……

永远，在我的眼里，Jerry不是在做工作坊，就是在去工作坊的路上。自从2004年，Jerry开始来大陆讲课，十几年来，他已经在中国大陆除了海南之外的所有省份做过培训。每每听到他的消息，不是在上课，就是在和助教们讨论课程。到哪里开会，有Jerry来，就会有他的学生来接他、陪他、送他、送花、泡茶、吃饭、聊天；就会有学生分享说，Jerry老师如何点醒了自己、激发了自己、感动了自己、重塑了自己……这些，让我这个大陆人，总是在愈发敬仰他的同时，一再偷偷地心生嫉妒。

而在我的心中，Jerry令我印象深刻的，也是永远的日程满满、能量满满、关爱满满、支持满满，似乎永远没有停歇。大概八九年前，台湾知名的精神科医师王浩威陪我和几个朋友在日月潭放松的时候，突然说："我明天临时有事，Jerry会来接替我陪你们。"而隔天早晨，就在山路那边，准时走过来了Jerry。看着他高大的身躯，从路的尽头一步步走近，我有点恍如隔世的感觉，彷佛他是从天上掉下来一般。而前一天，他还在忙着自己研究所里的课程，一直到很晚很晚。

来了的Jerry，就全然地来了。请我们吃饭喝酒，陪我们喝茶聊天，讲故事，说历史。有Jerry的日子，从来都是热闹的、温暖的、踏实的、丰盛的、有趣的、自在的。我们分享自己生命中的悲欢喜乐，倾吐工作中的烦恼收获，一起静默沉思，又一起开怀大笑。无论生活有多么复杂，工作有多少压力，跟Jerry一起交流的时候，我总觉得，心绪是飞舞的，灵魂是轻盈的。

Jerry在书中写道："我希望把自己所学与别人分享，多数所教的都是我生命里真实的经验，希望对别人的生命也有所启发。"这让我想起来，他如何用生命里真实的经验，带给我的生命重要的启发。有天下午，我在日月潭云品酒店的游泳池里独自一人游了半个小时。Jerry从朋友那里得知我只有一个人，就下来陪我一起游泳。他问我感觉怎么样？我兴奋地告诉他说："刚刚偌大的游泳馆里，只有我一个人游泳，特别享受，特别自在，我感觉特别好。”晚饭后，我们在花园里散步时，Jerry轻轻地对我说：“你知道吗？当我去陪你游泳的时候，你告诉我，你一个人游泳，感觉特别好。”那一刻，仿佛有一只手，在我永恒的小宇宙里打开了一扇窗，顷刻间，有一束耀眼的光照了进来！我平生第一次清晰地意识到，从小孤独的我，是怎样不经意地，在努力和朋友分享美好体验的同时，又似乎把好意关心我、靠近我的人向远处推开了。

Jerry是个值得信赖的存在。他的反馈，没有让我不安，反而让我感到我被他信任，他也值得我信任。那一刻，从自我反思和成长的心路中跳脱出来，我感受到的是他心灵的厚重，大地一般的厚重——托得起我与生俱来的孤独与哀伤，并照亮了我的自我探索之路。这正如他在书中所说：

点化

在个案浮沉的生活日常

用几句话点出乌云蔽日的关键处

日子于是见得到光了

Jerry从来不单独讲解理论，也不用各种名词术语妆点教学。他做了大量的现场个案工作，让学员有机会亲眼看到个案处理的全过程，这是极具挑战性的教学方式。面对不同个案，Jerry的处理手法经验丰富、风格多变。他自己说：

我有时柔，有时强硬，有时温暖、有时愤怒，都是以自己的判断做出“当下”最能帮助个案的方法为首要。如果个案需要，我也会什么话都不说，安静地陪着。

我相信他说的，因为我知道。多年来，我们每次见面，他时而温柔如水地唱戏给朋友听，时而大气如山地做事去推动工作，时而为困难中的朋友送上温暖，时而对不公平的社会现象表达愤怒。而当我忧郁悲伤的时刻，他真的会什么都不说，只安静地陪伴着。他高质量的陪伴，让我可以从中获得支持和力量，让我在后来的日子里，回忆起来，永远都感到被温暖，感到被关爱。

写到这里，我突然意识到，第一次见到Jerry，应该是2004年玛莉亚 · 葛莫利老师第一次在北京举办的工作坊上。当时，我带着个案来接受督导，Jerry在玛莉亚旁边做翻译。他身材高大、相貌帅气、声音动听，在女性占绝对多数的几百人培训班中，不可避免、无可救药地成为焦点。然而，在玛莉亚开始讲课后，Jerry立刻奇迹般地隐身了，他只是语义精准、言辞简洁地传递了老师的思想，再也没有任何多余的动作和语言，让我从老师的课程中分神出来。所以，我相信，Jerry确实有能力判断并提供“个案”当下所需要的方法，而不是有能力“展示自我”。

在这本总结了自己多年工作心得与经验的书中，Jerry结合众多案例的情形，分享了“点化”“引导”“找回自己”“跟过去告别”“陪伴”等诸多心理治疗的理念和技术运用过程。透过所有这些案例的工作片段，我看到的是Jerry的专注能力。

无论是轻盈地引导和点化，还是厚重地探索与陪伴，Jerry都和个案全然地在一起，全身心投入个案的生命故事。这份专注的能力，令我感动，也帮助我理解到，Jerry是会安静地坐下来，写出这样一本美好的经验总结和智慧结晶来，让更多的人分享。

当Jerry专注于自己的工作时，他的努力和创造力是惊人的。他40岁开始学习心理治疗，五六年后就开始带团体，工作很快得到老师、同行和学生的认可。现在，我也相信，他的这本凝结经验和智慧的书，一样会得到大家的认可。凭着自己的努力与实力，行走江湖。他已经做了不少有益众生的工作，这本书，一定会给更多的人带来对生命的深思和启发。

推荐序4 |

接地气的心理咨询师

陈向一（中国心理卫生协会家庭治疗学组原组长）

2020年的最后一季，这个改变了所有人行程、计划甚至长短期人生规划的疫情，还远远没有看到尽头。与赖杞丰兄也快一年没见，忽然收到他简体字版的大作，承蒙认可让我来写个序，正好小结一下跟他相识到相知的过程。

最早见到赖杞丰是从台湾传来的萨提亚模式家庭治疗培训录像中，看到一个五大三粗的男人，说是一个成功的企业家，在角色扮演时突然哭了起来。当时我是既惊讶又感到不舒服，惊讶的是担心这样的心理咨询“不正规”；不舒服是突然回忆起90年代初，我在波士顿一次“相互咨询”的团体小组上，也曾经这样忽然大哭起来，止不住的情绪像坏了阀门倾泻而出的水，一点也没有“理性”的访问学者的样子。

第一次见到赖杞丰的真人是2009年在北医六院对面的餐馆。当时我参与中德家庭治疗师的培训，课余小聚遇到同在北京做培训的他。此时他已经在国内做萨提亚模式家庭治疗培训多年且小有名气。当时就感到这个看不出年龄的男人嬉笑怒骂很本真，像个哥们。只是在专业上没有“过过招”，因为我当时俨然属于学院派家庭治疗的专家，还不习惯于“像一个人”那样去结识另外一个同道。

再次见到赖杞丰是参加台湾的心理治疗年会，我受邀去他的家里吃饭小聚。当时也是高朋满座，大快朵颐间也畅所欲言。也许是酒的作用，半酩之中我俩靠着窗台讲起了彼此长大的历程。突然之间有种他乡遇故知的顿悟，原来这个大我几岁的老兄竟然跟我一样，在不同的地方、不同的境遇，不同的专业“背景”下，因着“先救自己，有余力再救别人”的理念，共同走到助人这条路上来了。那次谈话也加深了我进一步反思何为助人，何为“助人的专业”。

细读赖杞丰的书，我更进一步理解了他是如何“成为一个人，用人来影响和帮助人”的信念与过程。细心的读者一定会看到，在书中不论是面对人际的冲突、现场家庭雕塑中经历的情感冲击、活现家庭矛盾带来的张力和他当头棒喝的勇敢与精准，都体现了他是活生生的一个人，一个有血有肉有情感有思考，同时又非常贴近具体的人、具体的事而非常接地气的咨询师。

丰富的人生经历，多样的职场历练，刻苦的助人实践打磨着他，同时在学术上他也没有放下努力，不断地学习各种心理咨询的理论和现代进展，戴着老花镜跟年轻人一起参加后现代心理治疗的培训，等等。从他近年来对来访者非言语信息的敏感和采用

"身体知道心理"的方式进行工作，可见他是如何整合了自己的身体经验、生活体验和学界的发展。

总之，这是一本用身、用心、用助人精神写就的书，也是作者人生风格的体现，特推荐给大家。

无尽的感谢

书终于有机会以简体横板的方式跟大家见面了，心里的激荡，只有自己了解。这十几年来，绝大多数的时间，我游走在神州大地的许多地方，接触的都是在这块土地上成长、生活的许多生命。交往中，相互欣赏、陪伴、支持彼此深处的灵魂，许许多多的共鸣，绝非语言所能描绘。把这些年的经验，用文字与这块土地上的人共享，这是我心中最大的愿望。我虽然无法替代他们的痛，但至少也曾陪伴在他们需要的时候。

我的学习始于20世纪的90年代。加拿大海文学院（Haven Institute）黄唤祥先生（Bennet Wong M.D.）工作坊中的启蒙，让我看到家庭对人的影响至深，甚为震撼。出于对家庭的好奇，希望透过学习疗愈自己，从此走上探索自己与家庭的不归路。

学习之初，我疯狂地抓住任何可能的机会，一探究竟；不论是成长，还是一窍不通的专业课程，一概趋之若鹜，不论青红皂白地囫囵吞枣，经常处在云里雾里，浑浑噩噩，昏昏沉沉地不知所以。除了工作外，我几近疯狂地倾尽所能，浸泡在各种学习上。从一个一无所知的门外汉，经过了一再的起伏跌宕，慢慢觉察到一丁点的可能方向。寻找一切机会主动成为机构的义务工作人员，才得以有近水楼台的学习机会。除了黄先生的团队外，我进而认识了教授——萨提亚学派的玛莉亚 · 葛莫利（Maria Gomori）和约翰 · 贝曼（John Banmen）老师，开始了我最初的系统性学习。

早年，我与玛莉亚老师亦师亦友，如忘年莫逆，相互陪伴赴各地教学。还有李维榕老师，我仰慕她在家庭治疗专业上的神奇，与伴侣远至纽约，在结构大师米纽钦（Salvador Minuchin, 1921—2017）位于纽约的家庭治疗中心，诚挚邀请她到台湾开启家庭治疗的专业课程。期间她的严厉、刻薄与挑剔，是开启我对其他专业学习最重要的里程碑。玛莉亚老师的温柔呵护、维榕的严厉教诲，犹如严父慈母般在专业与生活中给我最大的帮助。约翰 · 贝曼结构清晰的理论教学使我获益良多。早期的跟随过程中，玛莉亚与贝曼都极其信任地在他们的工作坊中给出机会让我试教，并且从旁监督。学习的过程中，我更觉得像个幸运的学徒而不是学生。

遇见迈克尔 · 怀特（Michael White）与吉儿 · 佛瑞德门（Jill Freedman），叙事的世界观开启我对治疗的另一个重要窗口，更加尊重案主，更多地陪伴与跟随。哈林 · 安德森（Harlene Anderson）的合作取向，允许了我在治疗过程中拥有更大的空间与自由，使故事的发展更加丰厚。研究所的任教过程，开启了学习后的实践，与研究生们教学相长，落实所学与实务工作，才有我今天的经历。

千禧年的九月，我第一次以机构执行长的身份，带领着台湾三十几位学习家庭治疗的专家，回到北京，参加结构学派创始人米纽钦的家庭治疗工作坊。这之前，李维榕老师在台湾的结构学派家庭治疗专业训练，已经进行了几年，但我一直没有机会亲见创始人米纽钦。带着崇敬的心，我们浩浩荡荡地漂洋过海，前往北京拜见老人家，一睹大师的风采。这也是我第一次接触到大陆各地前来学习的许多同道朋友，会中还特别有一场两岸同道的交流与分享。

2004年，玛莉亚老师第一次受邀前往大陆讲学，我有幸成为她的同伴，陪同80多岁高龄的她，作为“保镖”同行，因缘巧合却成了她的口译与助教。那时我已跟随着老师学习萨提亚模式14年了。2006年，同为萨提亚模式学派的贝曼老师，也受邀来到北京教授萨提亚模式的课程。萨提亚这门学问因为不是“显学”，早期从学院的角度，许多人并不认可这一学派，甚至讹传它是个“旁门左道的杂牌军”。一开始，有人觉得萨提亚模式的课程缺乏理论，工作方式不被认同，质疑与贬抑的声音时有耳闻。还有些人误解这样的团体治疗充斥过多的情绪宣泄，引人诟病。在当时，这个模式很难受到专业人士们的认可。

身为这门学问的直接受益人，看到此景，我的心里焦虑不安，不知如何才能把它的好跟自己的国人分享。南京晓庄学院夏倩教授到广州参加玛莉亚老师的家庭重塑课程，再经由她的大力引荐、陶郑恒教授的鼎力支持，邀请玛莉亚老师在南京开始她的家庭治疗专业培训。两年后，方晓义教授也开始在北京师范大学开启玛莉亚老师的萨提亚模式家庭治疗的专业训练。恰巧第三届家庭治疗世界大会由北京大学主办、在北京举行，感谢樊富珉教授的推荐，玛莉亚老师得以展开了一个两天的家庭治疗工作坊，把萨提亚模式的精彩处分享给大家。那时候贝曼老师也开始在北京首都师范大学开启了另一个萨提亚短期治疗的专业训练。当时我一直跟在两位老师身边协助教学与翻译。

由于玛莉亚与贝曼老师在北京、南京及广州的推广，以及美国精神医学会发表报告，将萨提亚女士列为近四分之一世纪十位最有影响力的心理治疗师中的第五位，这门学问的价值才逐渐地被认同。许多受益者口耳相传，需求增长，从贵阳到成都，从重庆到昆明，我也开始了自己的教学工作，协助地处偏远、比较少有这种体验式课程的朋友、学生们。除了跟随、协助老师外，我更愿意亲自前往各地，分享这学问对我的帮助。而后除了北上广、郑州、大连，甚至远至内蒙古、克拉玛依以及哈尔滨，我开始了“流浪”旅程，为的是想把一个好的学问跟大家分享。

十几年来，我来在大陆工作的范畴遍及城乡，如今除了海南，已行遍神州大地。上课的学生从一般普罗大众到学校老师、咨询师和精神科工作人员都有。案例的呈现，绝大多数来自这块土地，家庭的故事虽然大同小异，但地域文化的影响也不容忽视。虽然同处一个国家，可是由南到北、由东到西，由于幅员辽阔，各个民族、地域的文化差异，让我更是不得不小心翼翼，保持着谦卑与求知的态度和不同的家庭与个人交流。

实务工作我比较擅长，写书却是天敌。要如何把这么多相似又不同的故事揉在一起，不失真实却又能顾及他人的隐私，实在是一件大工程；戒慎恐惧之余，几次都有逃走的念头，是因为朋友及学生的敦促，我才只好硬着头皮把经验分享出来。把故事变成文字，字句斟酌，深怕一个闪失，对故事主人不敬，更不希望因此扭曲或是曲解。生命的故事，本多相似，你硬要在某个故事中对号入座，是谁也无法否定的。书写不为满足个人的需要，更愿意借由这样的方式，传递一些生命的共性以及改变的可能。也许会有百密一疏，无法尽善，期待能得到理解。

创作的过程里，每一个故事鲜活的画面浮现眼前，在生命交会的时刻，每一个痛都是如此真实，相互共振，更多地体验到生命百态，真真正正体会到教学相长。课程结束时我总对学员深深鞠躬，感谢他们的信任与分享，让我有更多的机会可以帮到他人。感谢许多人的慷慨热情，愿意让自己的故事在修剪后与大家共享，也希望他们的无私奉献，能引起读者共鸣。特别是书后收集的几篇学员们的反馈，经他们允许，得以在书中呈现；再次阅读，自己老泪纵横！

若说对书的出版有何期许，也许就是无功无过，尽量少错，为有缘人提供个人的实务经验，还有一些不同的可能，去面对生命。在每个当下，所有的人都认为自己是对的；互动中如果坚持自己的看法，缺乏好奇的眼光，很有可能两个对的人就促成一个错的家。家是人生成长的第一个重要的学校，一个良好的家庭（夫妻）关系，是孩子们最好的学习榜样，也是给孩子最重要的礼物。

工作过程中，我学习以西方的心理学融合我国传统儒释道法，以及朱子理学等文化思维，以如何适当地运用而能帮助到他人为重点。我有时柔、有时强硬，有时温暖、有时愤怒，以自己的判断做出“当下”最能有利个案的方法为首要。必要时我也会什么话都不说，安静地陪着。

我自己的人生没有多么幸运，更愿意以真实、真诚与他人互动，要求自己尽心尽力，用生命陪伴他们。几十年的教学生涯中，有些学生把我当家人、把我当长辈，我理解为这是过程里的“过度性客体”。陪伴着他们改变，也是我愿意一直耕耘的原因之一。自己的生命自己富足，借由别人的故事能有反思的机会，过去不知道的现在知道了，如果想要有个不一样的明天，至少知道可以为自己做些什么。

2020年10月10日于台北

前言 I

我从来没想到会当治疗师

1991年11月23日Funky重新开张，从迪斯科餐厅转型为酒吧。年近四十的我，把Funky经营得风风火火。

当时我饱尝各方压力，心情不佳，表情异常严肃。员工怕我，都觉得我怪，没人敢亲近我。苏来是我过去的工作伙伴，我们有兄弟般的交情。有天他说："二哥，有一个加拿大的心理学专业团队要来台湾教授个人成长课，建议你有空去上上……"

"二哥"是我的绰号，英文名字叫Jerry，很少有人叫我的本名"赖杞丰"。

上心理成长课？有病啊？

"有病啊？有问题的人才需要接受治疗，我去上这个课干嘛？"我顶了回去。

虽然这样回他，但那段时间我身心俱疲，决定给自己放五天假，一时之间不知道该去哪里，于是就接受了他的提议。

那是个五天四夜的工作坊，两位加拿大教授带着他们的团队来台授课，食宿在阳明山山腰上，当时一万多的学费，老实说并不便宜。

成员来自四面八方，有大学教授、精神科医生、心理专业人员，还有各行业老板、家庭主妇……上课之始，老师问每人：“你来做什么？”“你期待什么？”几乎每人都侃侃而谈。其中一位大我十几岁的公司老总，个性特立独行，没和大伙坐在一起，满不在乎地说：“我来休息呀！”他一语戳中我的心，我也是上班很烦，像偷溜出来看场电影似的，并不期待从这里学到什么。

我人在心却不在，但有个“游戏”吸引了我的注意。

老师要大家学狗，在团体中彼此互动，顿时“汪汪汪”的声音此起彼落。我觉得荒谬至极，完全无法苟同。我坐在远处，心想，花这么多钱，却遭你们这些人戏弄，真是误上贼船了。但见大家玩得不亦乐乎，互相取笑对方，我很纳闷，为什么这些人可以叫得这么开心？

接着扮演鸡，所有学员很投入，一点都不在乎，现场一片欢笑，而我仍然无法融入。更过分的是扮猴子时，一位女老师竟拿一根香蕉到我面前晃动，示意我加入游戏。顿时我非常气愤，有出拳揍人的冲动，但我忍着，拼命压抑自己。最后扮演鸟的时候，不知怎的，我觉得自己像一只鹤，我闭起眼睛，想象自己振翅凌空，自在飞翔。

游戏结束分组分享时，大家都谈各自的觉察、体验、学习……还有童年。当他们谈得很快乐时，我却胸口一阵疼痛，突然哭了起来，眼泪像溃堤的洪水，心里伴随着一个声音——天啊！我没当过孩子。

没有童年的孩子

1951年，我出生在一个有九个兄弟姐妹的家庭，排行老幺。

自有记忆起，我就与父母挤同一张床，睡在他们身边，从小听到的都是贫穷、家庭缺钱、生活的困顿和无尽的叹息……

十四岁念初一那年，父亲突然中风过世，没有留下只言片语。父亲是一个很爱面子的人，即使家里再穷也一定会借钱让我读书，随着他的离去，我觉得我的天塌了。

我开始半工半读，除了养活自己，交了学费，还拿钱补贴家用。在我三十二岁时母亲过世，我以为责任已了，其实不然。

多年以后，我才了解，早在父亲过世那一刻我就踏进“成人”的角色，不知不觉中承担起家的责任。

那堂心理成长课我哭得很悲伤。回忆过去，最常听到的就是别人的赞美：“这孩子很乖！”那个“乖”代表我竭尽所能地去做符合大人期待的事，早已失去了自己。

我除了发现自己没当过孩子，也没能让我女儿当个孩子，因为我不知道该怎么当个父亲。我从父亲那儿学会的就是严厉的眼神，因此当女儿的表现不合我意时，我一眼“横”过去，“瞪”一下，她就“吓死”了。

此外，工作坊还有一堂课是“冥想”。我们在老师的引领下回到童年。我走过儿时熟悉的道路回到老家的房子，当我看到七八岁的我，一个人怯生生、孤零零地躲在屋子墙角，没有人理会，看起来是那么的孤单无助，我抱着年幼的自己哭得肝肠寸断。这堂课让我经历前所未有的震撼，也体验到家庭对人的影响。

课程结束后回到现实，我甚至无法忘掉那个“小孩”。

原来四十岁的我，还有这么多对自己不知道的部分。

离开前，一位精神科医师捶了我一下，以开玩笑的口吻说：“Jerry，你好幸福，第一次来就有这么多收获，又哭又笑，我好羡慕、好嫉妒！”

在那个课程中，我发现一个人的成长与家庭息息相关，而且根深蒂固地伴随着生命，从家庭延伸到学校、职场，还有组成的家庭。那些如影随形的模式，我过去都以为是遗传，当然人的一部分来自遗传，爸爸妈妈都希望把自己的优点遗传给下一代，特别是独一无二的特质。后来慢慢地我才知道，其中许多是不知不觉中的潜移默化与学习。

身体是一个很重要的储存容器，儿时成长过程的点滴，都留存在记忆里。多年后，我发现自己面对压力时，会不自觉地做出与幼年相似的反应。这个发现让我对与家庭有关的成长课程十分着迷，我从此开始参与各种与家庭有关的成长与专业训练课程。

人的三度出生

玛莉亚·葛莫利，一个匈牙利裔的加拿大人，也是萨提亚女士的嫡传弟子。在接触成长课程的隔年我遇见了她，带着对大师的憧憬与对家庭的困惑，我借用“义工接待”的身份，想得近水楼台的方便，没想到却碰了一鼻子灰。即使如此，这并没有击退我学习、认识家庭的决心。

认识之初，玛莉亚已过古稀，大我三十岁。跟随着她从成长到专业学习多年，不论哪方面，她都是我非常重要的一位老师。

我从没想过成为一个治疗师，学习家庭心理治疗是为了把自己从牢笼中释放出来。在学习近五年之后，开始有人邀我带团体课，那年我四十六岁。

第一堂课只有七个人。上课前我非常紧张，烦恼很多，为了半天的课花好几天准备内容，思来想去，还问了玛莉亚老师：“这样做那样做可不可以？”老师回答我：“你那些内容可以讲一个礼拜了。”

课程顺利结束，学员的反应不错，我松了一口气。没想到在走回家的路上，松弛的心情竟让大便拉在裤子上——这就是我第一次带团体的心情，不管历经多少年，仍记忆犹新。

再之后的课程，玛莉亚不但来看我上课，还在课堂上帮我。

不能满足的我，继而学习了结构学派、叙事治疗，也涉猎客体关系、系统与精神动力等各种不同的与家庭有关的学派，同时我也参加心理剧、完形、催眠等各式学问的学习。

还记得我第一次听玛莉亚老师谈维琴尼亚·萨提亚（Virginia Satir, 1916—1988）“三度出生”的概念，甚是触动。

当父母的精子和卵子结合的那一刻，生命已经开始。这与古老的中国文化，人以“虚岁”计算年龄吻合。怀胎十个月，大约两百八十天。胎儿在子宫内，透过母亲情感波动与外界交流，也开始发展自我价值的认同。一个开开心心的母亲，肚里的孩子也会快快乐乐；一个悲伤缺乏自信的母亲，肚子里的孩子想必也受影响。很多父母希望儿女成龙成凤，早在肚子里就已经给孩子各种不同的胎教，这是萨提亚女士说的“第一度出生”。

婴儿离开母体，来到人世间，生存完全依赖照顾。饿的时候哭、病的时候闹、开心就笑，真情至性，从无虚假。他们借由成人的世界，渐渐地知道什么是对的，什么是错的，什么是好的，什么是坏的，什么是可以的，什么是不可以的，怎么做才能讨得认同，博取欢心。为了求生存，他们需要在某种程度上适应这个系统，有时敏感地讨好他人，有时声嘶力竭地发脾气，逐渐发展出“心口不一”的各种沟通姿态；他们也知道用什么方式可以得到最大的好处，来满足自己的需求，将习以为常的沟通姿态，内化成身体里的一种习性，很多人都仰赖着它，伴随终生。他们带着这样的习性面对生命里各种压力，但在孩提时代帮上忙的，却不一定合适于当前的生活，于是乎，身体出现各种不同的症状来警示，可却被许多习得的知识学问给忽略了。这是萨提亚女士所谓的“第二度出生”。

她所谓的“第三度出生”是真正成为自己的决定者，面对问题，审视自我，有意识地选择适合自己的方式。这意味着需要放下一些不适合的生存信息，真实地面对而不躲避，用成人的方式正视它面对它，为自己创造未来，成为一个真正负责任的人。

她的教学总是一再强调每个人独一无二的价值，以及人改变自己命运的可能性。

以我的生命经验为师

玛莉亚常受邀到新加坡、泰国等地演讲，我有幸作陪，担任她的助教，后来去了大陆，还当她的同步翻译。

2005年开始，我受邀在大陆上成长课。个人视此为莫大的荣耀，戒慎恐惧，小心谨慎。我希望把自己所学与别人分享，多数所教的都是我生命里真实的经验，希望对别人的生命也有所启发。

我的课程设定在三十人以内，这样的人数可以更直接、深入地与学员互动，帮助他们。从乡村包围城市，慢慢地扩展到其他学术单位和不同领域。

我一路踏过贵阳、昆明、广州、北京、上海……到2018

年，除海南以外，足迹遍布全国各省；从机构的个人成长，慢慢到咨询师的个人成长、体验与专业养成；直到五六年前才回到台湾，在大学、研究所兼课。

有人觉得我的风格尖锐、犀利，有一次学员反馈，她比喻说："上赖老师的课把我给吓死了，他狠狠地把人从空中抛去，却又伸出手温柔地接下来，我非常佩服。"这位学员是一名大学教授，在一次个案督导之后，她还大声地说，这是她要的本土教学。

治疗的种类繁多，许多是针对个人的成长课，着重在对自己的提升、了解自己、接纳自己、人际沟通……看看家庭如何塑造你，把你变成什么样的人。并不是所有的专业都是家庭或夫妻治疗。只有在夫妻或家人前来寻求帮助时，对他们的共同辅导才是；不过，当家里的一个成员改变，的确在整体上也能对家庭产生变化的。

许多人开始接触课程，都希望学习一些回去之后就能够驾驭、掌控，改变先生、太太、孩子，满足自己的需求。我会直接告诉他们那是不可能的。人只有自己改变，在与他人互动时，因为你的不同而影响对方；永远无法单靠学习的技术或方法来改变别人。

倾听内在的声音

许多学生、朋友希望我把多年的工作经验写成书，这对我是一大考验。我多年的工作，并没有奉哪一学派为圭臬。我觉得来上课的都是活生生的生命，心理学融合了我国传统儒释道以及法家的文化思想，如何适当地运用而能帮助他人是最重要的，我相信“不论是黑猫白猫，会抓老鼠的就是好猫”。我有时柔、有时强硬，有时温暖，有时愤怒，都是以自己的判断做出“当下”最能帮助个案的方法为首要。如果个案需要，我也会什么话都不说，安静地陪着。

本书里很多时候我运用了萨提亚学派“雕塑”的技术。成长或是治疗的课程中，当家人不在或是不愿意参与时，借由角色扮演的协助，由雕塑的体验，让个案理解当时的经验。“如果你站在这个位置，会有什么感觉或想法，你又会怎么做……”这是我常会问的一句话。

我的人生没有幸运，我的课，因为真诚，打动了一些学生；我常要求自己尽心尽力，用生命陪伴他们。这十几年的教学生涯，有些学生把我当家人、把我当长辈；有人说我到处帮人，需要被人感激，我也不在乎，原因是我真的看到他们的改变，这也是我在这领域愿意一直耕耘的原因。

书里谈的是很多人很多家庭会遇到的事。有的人面临外遇、有的人长期被家人掌控、有人因“陪伴”有了力量、有人企图找回自己……其实别家的故事未必发生在你家，但可借由别人的故事让你有反思的机会；如果你过去不知道，现在你知道了，你愿意怎样调整、改变，让自己走向比较幸福的道路。

生命的蓝图掌握在自己手中，请倾听内在的声音，不要寄望别人。我们的身体是一个很棒的能量储藏场，身体也是我们智慧的导师，自己的生命自己富足，良性的自己会引发良性的互动，如果你想要有个不一样的明天，至少你知道可以为自己做些什么了！

目录 I

第1部分

点化

在个案浮沉的生活日常，
用几句话点出乌云蔽日的关键处，
日子于是见得到光了。

爱，刚刚好就好

家庭里随时都上演着掌控的游戏：亲子关系，父母希望孩子乖巧听话，孩子希望得到父母的认可赞许；夫妻关系，常在谁赢谁输中争得伤痕累累，各展神通，使出浑身解数，这一切都是希望别人能在自己的掌握之中。

如果能够给予彼此多一份理解与尊重，在自由的空间里，家就会有更多的和谐与幸福。

依赖也要有界线

这堂课的学员来自各阶层，几天下来平淡无奇，就在最后一天，课程即将结束前两个小时，一个清瘦略带憔悴的女生举手了，但支支吾吾的，感觉有口难言，隔壁一个爽朗的大婶似乎比她还心急，“快说，就要下课了，你不说我就帮你说喽！”我走近她，告诉她我愿意等她说完才下课，她安心了，做了一个深呼吸，娓娓道出心中的伤痛。

小筠的父亲年纪大，体弱多病，在亲戚的规劝下，心不甘情不愿地住进养老院。父亲希望女儿每天去看他，小筠告诉他："我有空就会来看你，你安心住下，你临时有状况，这里有医护人员可以协助，我上班也比较安心。"她在公司担任要职，每天得加班，但父亲要求她"天天"到养老院探望。

初期小筠不论加班多晚都过去，养老院一片漆黑，她搭上电梯，发现父亲倚在门口等她，"爸，这么晚了，你怎么不进去休息呢？"他说："我怕你以为灯熄了，你就不进来了。""怎么会呢，既然到养老院来就一定会看到你再离开啊！"父亲见到女儿很欣慰，两三分钟就睡着了，她这才离开。这时已近午夜十二点。

搭不上末班车，她只好搭出租车。一个月的舟车劳顿，令她身心俱疲。

某日她告诉父亲，因为工作量大，恐怕无法天天来养老院，父亲虽然口头上表示谅解。但是女儿不再每天探望，让他非常焦虑，情绪更是不稳，有次扬言割腕自残，院方立刻打电话通知正在开会的小筠。

她十万火急地赶到养老院，父亲看到她，安心了，放下刀子，乖乖地吃饭，不吵也不闹。"爸，你知道年底我特别忙，但只要一有空我就会来，带你爱吃的东西，你好好待在这儿！"父亲微笑点头说好："我体谅你，你工作能力强，我女儿好棒。"

父亲嘴里说体谅，但心里并没有。

其实很多父母到了一定年纪就会转而依赖子女，若得不到及时满足，会用一些“招数”让子女们就范；小筠的爸爸就是如此。

三不五时的，父亲会突然打电话给她，跟她说自己哪些部位不舒服。她信了，放下手中的工作，赶到养老院时却发现父亲人好好的。后来次数多了，她才知道，父亲在虚张声势，只是想获取她的关注而已。

小筠说，她每次看完父亲心里就特别烦闷，一方面是为不能亲自照顾上了年纪的父亲而感到愧疚，另一方面是对给自己带来这种愧疚的父亲感到愤怒。她常觉得委屈，想想自己一个人在外工作，经历很多挫折，父亲不但不理解不支持，反而给她压力。

接下来的日子，小筠接到养老院打来说父亲要割腕、跳楼、绝食等的电话，甚至转述父亲的“威胁”，倘若不立刻赶过去就见不到父亲，但每每到了养老院却什么事都没发生。

这种事情多了就像放羊的孩子，她听到就想“又来了！”置之不理，继续开会……没想到那一次父亲“真的”跳楼自杀了，她吓得仓皇失措，赶过去，看到一滩血和白布覆盖的尸体，父亲已经气绝，她顿时崩溃，痛不欲生……“我只是没有按父亲的意思每天探望而已，怎么会这样？”说到这儿，她放声大哭，全身颤抖，有些人也跟着哭了。

“我该怎么办？”

感觉我不杀伯仁，伯仁却因我而死。

我安慰她："我相信没有任何人希望看到这个结局。但你已经尽力，只是你们没有找到两方都可以接受的方式，这没有谁对谁错的问题，千万不要自责。"

这是两个人对生命的选择。

老一辈的人常把孩子当所有物，视孩子为自己的财产——这是社会上常见父母"掌控"儿女的心态。这位父亲对女儿的掌控就是"你得按照我的意思天天来看我"，女儿不是小孩，她已经四十几岁，有自主权，后来衍生出一种"反控制"行为，就是不理不睬；没想到父亲发现再也无法控制女儿，最后用结束生命这种极端方法抗议女儿的不受控。他们都以控制和反控制的方式处理对方的要求，这种方法不怕一万只怕万一，没想到真的就发生了万一。

我对她说："你可以悲伤，可以缅怀，让你不自责是不可能的，但千万不要内疚。内疚会消耗你的能量，要你想法子弥补，最后立于万劫不复的深渊。事情发生了，不是对与错的问题，只是没能满足对方的需求罢了。"

那么身为儿女的我们，该如何面对父母这种依赖？其实，当父母亲（将来我们也会如此）慢慢地变老，身体愈来愈不如从前，甚至开始生病的时候，内心也会随之变化：他们觉得自己的价值正在丧失，正被推向社会的边缘。为了让自己感觉仍有力量，仍是社会或者家庭的中心，他们就会用各种方式来寻求这种证明，比如，继续干涉孩子们的生活，以期在孩子生活中仍握有掌控权。当这种方式不奏效时，他们就会寻求其他方式，比如像小[illegible]的父亲，所有举措无非是想引起孩子的关注。

家庭里成员的序位非常重要，长幼有序，各得其位，一个家庭才可能朝着正常、健康的方向运转。

至于什么才是合适和各得其位呢？简单的说，就是父亲在父亲的位置，母亲在母亲的位置，孩子在孩子的位置……各司其职，各自扮演好自己的角色。

“扮演”这个词非常重要，即便是一个孩子已成年、成家，在父母亲面前仍要“扮演”孩子的角色。当然，你可以有自己的主见、价值观、不同于父母亲的做事准则和方式。比如，小[illegible]打电话问候父亲，让自己回归到“女儿”的身份，不再只是一个倾听的角色，而是试着与父亲分享生活和工作中的困难，让他觉得在你生命中，他的价值仍然存在。这样做的好处就是，一方面，你给予了父亲潜意识中想要的东西——“我仍有价值！”另一方面，你也释放自己的一些压力和委屈，如此一来慢慢就会形成良性的互动循环。至于你到底要不要按照父亲给予的建议去做，或是作为一个参考，对你的工作和生活总是有益无害。

无论父母是什么样类型的依赖，你都可以找到合适的方法让双方都好过，一个人想要完全脱离父母的依赖和控制，最终极的办法是让自己真正成为一个“成人”，标准就是学会自我负责。

有人曾经问我，当父母亲老了，我们不应该成为他们的依靠吗？不应该“反哺”吗？

实际上，扮演“孩子”是一种让父母和自己进入良性互动的方法，因为只有顺畅的关系才能让彼此更亲密，这就是所谓“健康依赖”。

中国人讲孝道，我们可以“孝”，但不一定要“顺”。孝是情感上“我能为你做的”，但在不合理的地方，不必顺从。例如有些父母跟孩子要钱，如果孩子没钱，难道要他们去抢银行？对不合情理的要求，如何在孝的情感下，虽然不顺从，却不造成忤逆、冲突，这是为人子女者需要拿捏的分寸。

谁该听谁的话呢？

这天，一位老先生带着太太和女儿一起来；不，应该说，太太和女儿搀扶着他来。他是我到目前为止授课学生中年纪最大的。

下课后，这位老先生私下来找我，他（姑且称呼他杨老）看起来很伤心。

杨老虽然看起来身体虚弱，但说起话来中气十足。他说，自己的家庭跟别人家很不一样，太太不贤惠，女儿脾气暴躁，不像邻居家的女儿般乖巧听话，“如果我可以把她们治好，付出生命代价都可以。总之，为了她们，我什么都可以做。”听起来很壮烈。

“你想要什么？”

“我年纪大了，我想要‘安安静静，平平常常’的生活。我都已经八十几的人，连基本的条件都达不到，唉！”

杨老倾诉了很多生活上的不如意，最后忍不住说了一句，“如果他们（包括太太和孩子）都‘照我的话去做’，我就能‘安安静静，平平常常’地生活。”我把目光转向陪同他来的太太和女儿，她们的眼神流露出不屑。老先生继续说：“我也不要求你们给我钱，我自己有钱，我的标准很低，只要我说的话你们都听，我就能达到‘安安静静，平平常常’地生活。”那八个字，他重复说了好几次。

我说：“这要求太高了，所有人都按你的方式生活，那是一种‘掌控’。她们都有自己的人生，怎么可能听命于你一个人的指令生活呢？”

“怎么不可以呢？我的年纪比她们都大，我过的桥比她们走的路多，我比她们有生活经验，听我的话可以少走一些冤枉路，总不会错……”

老先生说完想说的话，默默离开。

这是典型的“掌控”。

相反的，如果这个孩子以自己对父亲的了解，听父亲的话，做父亲期待的事，那也是一种掌控；更小的孩子以哭闹让大人看到自己的需要，那也是一种掌控。另一种是面对这问题不处理，不言不语，甚至声东击西，要对方就范，这也是一种掌控。

每个人都是独立的个体，没有谁该听谁的话，即使你是对方的先生或父亲，都一样。

“孝”很重要，“顺”看情况

我想起另一个个案“大个儿”。

“大个儿”是位长得高大帅气的律师，在团体里总是鹤立鸡群，我很难忽略他。上课前他主动过来闲聊，我问他有什么需要帮忙的，他收起笑容，取代以严肃的神情：“我缺乏自信，想从压力中走出来。”

大个儿娓娓道出自己的成长轨迹：3岁那年，爸妈出国，他由爷爷奶奶照顾，直到6岁，因小学学区关系搬去外公外婆家。高中毕业，父母希望他到美国念书，他这才跟父母住一起。

大个儿的妈妈是个博士，在美国担任翻译；爸爸大学毕业，在美国做生意。到了美国，他成了妈妈工作之外的生活重心，妈妈将他占为己有，为他安排一切，但大个儿一见妈妈就想逃，感觉快要窒息了。尽管他在美国的收入丰硕，却不快乐，于是毅然决然返回中国。无奈，妈妈仍每天越洋电话遥控。“我该怎么办？好像永远逃不掉妈妈的掌控……”

听完大个儿的描述，我说：“感觉你们是彼此生命中最重要的人。”他点头如捣蒜。

我请一位学员扮演大个儿妈妈，看看这对母子的问题究竟出在哪里。

一脸无奈的大个儿对“妈妈”说：“这个……唉，我都不知道怎么说好，就是，你太关心我，我受不了。每次你接近我的时候，我就觉得快被抽干了。如果我这儿有一些风吹草动，你那儿就大风大浪，你让我感觉压力特别大……”这时妈妈哭了，大个儿继续说：“如果我让妈难受，我也会难受。”

看着痛哭的妈妈和无奈的大个儿，我对大个儿说：“她当然知道，因为你是她生的，她利用她的难受让你难受，因为你会不忍心让她难受，她就可以借此控制你，这是你们两个的双人舞啊！懂吗？”

妈：“我做的一切，都是为了你。”

大个儿：“妈，我知道你爱我，我也很爱你，我不会离开你，我也不会忘记你，即使我结婚有家有老婆了，你照样是我妈，我时时刻刻都会想着你，有好的东西也会分享给你，你不需要担心那么多……”

我：“这样说应该可以让妈妈稍微放心一点。”

大个儿：“反正，你就不要给我那么多压力，一天到晚打电话，担心这担心那的，其实都没有必要；你想要的我都已经给了，以后也会继续给，所以不要怕，我不会消失，我会一直孝顺你的。”

我：“‘孝’跟‘顺’其实不一样。‘孝’是一种情感，可以一辈子孝敬你，给你，爱你；但依我看你们的相处模式是‘顺’，这很危险，也许你可以‘孝’，但不一定要‘顺’。”

大个儿点头，对妈说："嗯，我会一辈子孝敬你，但不会顺着你的方式，我可不可以做自己？"

我："对，你应该将你的界限再告诉她一遍。"

大个儿："妈，我会一辈子尽孝道，可是我不会顺着你。"

我："听起来还满笃定的。"

我转向"妈妈"，问她："请问'妈妈'是什么感觉？"

妈："刚开始听到他会尽孝道，这让我放心，知道他还是爱我，心里轻松一些；后来说是用他的那种方式，我又觉得害怕起来了，怕他过得不够幸福。还有，嗯……不想让他离开我的生活范围。"

我对大个儿说："她怎么可能放得开呢？你是她手上那一块肉，随她揉随她搓，你要这样吗？告诉她你不要。"

大个儿："妈，我绝对爱你，但我不会顺你，我要照自己的方式生活。"

我："管你放不放心。"

大个儿："对啊，放不放心是你的事嘛！但爱不爱你是我的事。"

妈："这个……我……我还接不住这感觉。"我对大个儿说："你管她接得住接不住，勇敢地做出来，她不接也得接。"

大个儿："嗯！"

我："不然她又开始使伎俩，随便一句'唉哟！我快死了！'你一顺她你就完啦！"

大个儿："明白！"

我："你的人生，自己才是主角。当你觉得该让她靠近的时候，允许她靠近；不该让她靠近的时候，坚决笃定地不让她靠近。所谓的'界限'，从英文来讲比较清楚——boundary，是有弹性的，不是硬绑绑的。"

大个儿点头示意："YES! THAT SOUNDS GREAT!（听起来很棒）"

我："告诉你妈，'你别想跨进我的未来，我会挡住你的！'"

大个儿："对！"

我对妈妈说："他现在这么笃定，你什么感觉？"

妈："我还是不太能接受，因为心里有点疼。"

我对大个儿说明："一定要给她时间，明白吗？"

我把自己理解的说给大个儿听，希望帮助他觉察自己与妈妈之间的关系。在这个过程中我试着与大个儿确认，扮演者所说的内容是否像他妈妈（他认为八九不离十），并且让大个儿了解什么是"孝顺"，什么时候该"划清界限"，我不断让大个儿再说一遍，为的是加深印象，使这件事在大个儿内在发酵，知道自己不需要为妈妈的情绪负责，如此他才能自在地生活。

不介入父母之间

与大个儿的母子关系相反的是，女儿介入了父母亲的关系。

邵女士在公司担任总经理一职，大家都称她邵总。

邵总有一段纠缠十余年的婚姻，最后以离婚收场。

邵总来上课的原因是跟爸爸的关系不好，父女俩一见面就吵架，“爸爸会打妈妈，甚至还打过我。”她只好搬离家，在外租房住。“但我妈妈还和爸爸住在一起，她是个弱女子，口拙，常被欺负，我来上课是想帮助妈妈。”感觉她是为母复仇，但她没说是什么原因导致爸爸动手。

我听她讲话的时候发现，她常跳进去处理父母关系，为了妈妈跟爸爸吵架，闹到最后父女不和，但妈妈似乎都没事。

我说：“会不会你以对的方式保护妈妈，却没有理解他们夫妻互动的方式？”因为她妈妈虽然抱怨另一半，但彼此也相处了四十几年了。

很多家庭都是“男主外女主内”，妻子承担繁杂的家务，先生工作回到家了，她抱怨先生不分担家务甚至对孩子抱怨爸爸，可能只是情绪上的宣泄，有时候怨丢出来转眼就过了。但是孩子无法分辨那只是妈妈一时的情绪，并非真的谴责，因此吸收了大部分妈妈对爸爸的怨，对爸爸更加反感。

我建议她在这件事上不能单纯地只站在妈妈这一边，试着照顾妈妈但不批判爸爸，例如陪妈妈，但不牵扯到爸爸，“你要抽身，妈妈的抱怨可以听，但也要去理解爸爸，不要介入他们的关系。”

邵总急着说自己的感觉："我不是批判我爸，我对他又爱又恨……"

我问她："如果你是爸爸，有一个经常跟你对抗，甚至骂你的女儿，你能感受到这是她对你的爱吗？"

邵总愣住了。

我说："没有关系，你就站在爸爸的位置，体会一下，女儿一直用手指头指着你骂，你心里做何感想？"

邵总说："我很难过，我多么希望女儿能放下手指头，好好跟我说话。"

第二阶段的课在一个月之后。

我请她带妈妈一起来上课。

当我看到邵妈妈时非常讶异，她的口才很好，懂得交际，一到班上就跟每个人打招呼，不时开怀大笑，看起来就是乐观开朗的人，并不如邵总描述得脆弱、口拙，因此更加强了我劝退她在父母间互动的想法。

我问邵妈妈和老伴的近况，她说："很好啊，上礼拜我们才去北方旅游回来……"这对父母在女儿口中有这么大的冲突，但当女儿离开，他们的关系却这么好。

当女儿退出父母战局，还给他们一个空间，他们才能用彼此熟悉的方式争吵、相爱、沟通、生活。

我开玩笑地对邵总说："你知道你这局搅得够大了吧？"

心理学上有俄狄浦斯（又称"弑父恋母"）情结，简单地说，就是孩子常在妈妈身边，觉得爸爸没有他了解妈妈，他才是妈妈的情人，所以这孩子杀死爸爸，替代爸爸的角色照顾妈妈，换句话说，就是三角关系。

当父母发生争执时，孩子会站在妈妈这一阵线，反对爸爸，但其实孩子对爸爸的看法并不是真实的看法，只是“耳濡目染”之下，受到妈妈的影响而觉得应该替妈妈出头。在统计的案例中，替妈妈出头的比例比较多，甚至把爸爸推出去。细究家庭真实互动后才发现，很多时候对爸爸并不公平。

这个案例，女儿掌控了妈妈，妈妈也掌控了她。妈妈不自觉地把很多对爸爸负面的看法和情绪都传递给孩子，让孩子跟她结盟。

父母和好了，但邵总并不开心，变得失落孤单，因为她发现自己没有位置，不知道该做什么了。

邵总上咨询课最后发现，真正的问题不是爸爸，是她自己，接下来她得学会如何跟自己相处，这就是她的功课了。

一味付出，反成掌控

我们谈父母掌控子女，但是当子女成为父母时，会不会也掌控自己的孩子呢？我印象很深的一个个案，由于她会写诗，就叫她“小诗”吧！小诗身材纤细，留着一头长发，曾背着行囊到西藏旅行，感觉是个浑身散发出仙女气息的女人。

小诗已婚，有个十多岁的儿子。那天在课堂上讨论女儿与妈妈相处的问题，没想到某些内容触动了坐在角落里的她。中场休息时她冲进厕所哭泣，从洗手间回到位置上时，脸上还挂着泪痕。我走过去问："我能为你做什么吗？"

起初她不愿意公开自己的事。这是学员自我保护的一种方式，也是常有的现象。我只好私下跟她聊。原来是婚姻出了问题，这是她来上课的目的，她想离婚却走不了，因为先生给她宽裕的经济。没想到听到别人和妈妈的关系才惊觉自己原生家庭的问题更大。

然而，家庭的问题并非一朝一夕就能解决。

她陆续参加四次的治疗课，每次上课都学到一些经验，本来的问题逐渐不是问题，她说不是问题不存在，而是有能力面对了。后来她跟先生的紧绷关系渐趋和缓，她愿意继续留在婚姻里。我认为，她在课上所学到的足够协助她，把自己从过去积累的困惑和被捆绑的压力中解放出来，选择一个适合自己的生活模式。

最后一次（第四次），她主动谈及自己与原生家庭的纠葛。

小诗由外婆带大，两人很亲，彼此依赖，她甚至以"相依为命"形容这段关系。但小诗七岁时，因上学的原因得搬回家与父母同住。当她重返原生家庭时，感觉很陌生，好像每个人跟她都没啥关系，仿佛外婆家才是自己的家，在现在的家里她反倒像个客人了。

小诗是早产儿，从小体弱多病，在外婆无微不至的照顾和关爱下，体质调养得很好。然而外婆的健康状况随着年岁逐渐变差，即便如此，她仍每个星期拄着拐杖撑着瘦弱的身体，买好吃的食物到学校看她；对她来说，外婆是另一个妈妈。当时小诗在心里暗自许下承诺，长大工作后要把前三个月的工资交给外婆。但外婆没等到她开始工作就离开人世，这至今对她来说仍是很深的伤痛！

家中成员除了爸妈还有弟弟，敏感的小诗察觉妈妈的注意力都在小她两岁的弟弟身上，难免心生嫉妒，无形中不断上演姐弟争宠的场面。然而，另一层关系上，妈妈也嫉妒她跟外婆的关系。但小诗是妈妈的女儿，妈妈是外婆的女儿，小诗和妈妈突然变成“姐妹”般，互相吃醋。我可以想象这三个女人，小诗跟外婆站一边，妈妈单独另站一边；可是愈孤独的人愈会反抗，愈会竞争，被孤立的妈妈只好抓住弟弟。这个家庭便以各种不同的“三角关系”运作。

不过原生家庭对小诗产生的影响却无声无息地复制到她的婚姻中：她跟儿子同一国，孤立丈夫，演变成另一个三角关系——看起来和原生家庭不是绝对相同但又这么类似。

由于小诗小时候的状况未被处理，长大后，这种纠葛也随之“长大”。她发现自己跟家人的互动模式都有问题：她眼中的弟弟是个“啃老族”，爸爸很无能，家里由强势的妈妈掌控；她嫁入豪门，每次妈妈跟她开口都是要钱……

我大致了解小诗的故事后，打算先处理表面浮现的问题，再引导她深入探讨缘由，看清楚事件发生的完整脉络。我建议她邀请几个同学扮演家中成员，借机了解他们的想法。不过他们不是演员，表达的都是直觉反应，尽管说的话不见得百分之百真实，但人有“共性”，或许真有可能接近事实。

对于这个提议，小诗起初有点紧张，但我保证，绝对安全，“如果你不愿意公开的事，我不会往前推，或许会有一些问法或诱导，但你绝对可以作主。”这么一说，她放心了。

一开始我问小诗：“你最想梳理自己跟谁的关系？”她答“弟弟”。

小诗不喜欢弟弟，直言“我们没有一起长大”。她眼里的弟弟一无是处，三十六岁了还不愿意独立。

一般父母的态度往往是：对愈有能力的孩子的要求就愈多，对没有能力的孩子就多加照顾，导致原本能力不足的就更无能，有能力的孩子当然会觉得不公平，间接影响手足感情。小诗家就是这样的情况。

小诗花了一段时间叙述与弟弟的关系后，语重心长地说：“我觉得他没负该负的责任……”说到这儿，我打个岔：“我有点疑虑，你说他没有负‘该’负的责任，这个‘该’的标准是由你来定义吗？”

被我这一问，她愣住了。我举例：“如果我的体力只能扛五斤米，你说不行，‘男人得扛七斤’，因为我只能扛五斤而不是你说的七斤，你会不会觉得我不负责任了？”我发现她虽然不喜欢被别人掌控，无形中却在掌控弟弟。

这时弟弟登场。

弟弟停顿了数秒：“你以为爸妈眼里都是我，那些爱并不代表什么，其实他们都在看你。”

小诗：“我一直都……觉得因为你所以……爸爸妈妈才看不到我，所以我一直很生你的气。”

弟弟：“你以为我不生你的气吗？（小诗、弟弟两人哭泣数秒）我一开始就这么觉得，凭什么你什么都得到了，我还要让你觉得开心，所以我不想看到你，其实我怕你。”

我：“什么原因怕看到姐姐？”

弟弟：“我觉得我会输掉。”

我转向小诗：“这么多年弟弟就是怕输给你……听到这些话怎么样？现在都长大了，对你来说，有没有可能是弟弟心里的真实话，只是你从来都没听到，还是你从来都不知道？”

小诗：“我从来都不知道。弟弟，我不想要跟你比，我想你更好。如果可以的话我愿意帮你，但我发现很多时候我都在帮倒忙，我也不知道有什么方法可以帮助你？”

弟弟：“我不用你那样对待我，我一个人挺开心的，没你想得那么糟。”

小诗：“我却一直都把你想得很惨，觉得你是个弱者。”

弟弟：“其实你不比我厉害，你可以好好休息，干嘛搞得那么的……”

我：“是什么原因让你看他是个弱者？”

小诗：“他一直都在爸妈过度的保护下长大，三十六岁了，还在‘啃老’。”

弟弟：“你觉得我啃老，你怎么觉得我就是？”

我：“喔！看来还得照你的标准来看啊！”

弟弟：“我没活得那么累好不好？”

我：“你知道什么叫尊重吗？这是个边界。”我单手在两人之间划了一下，弟弟向后退了一小步。

弟弟：“我的事情我自己处理，你真的看不惯，说两句，OK？但不要说太多好不好？”

小诗：“弟，我不知道我做得太多让你没有机会自己去承担，我担心你……”

我：“关心和担心的差别在哪里？‘关心’一个人，是他有需要我有能力我就去做；我‘担心’一个人，是一直认为他没有能力，并把他累积的能量全部消耗掉。关心是尊重他，担心会削弱他的能力。”

小诗低头擦泪。

我：“其实你在伤害他，他想要站起来，你却剥夺他的力量，这是伪善，为了个人的需求伤害弟弟；当所有人都觉得你是个好姐姐而他是个不负责任的弟弟时，是你剥夺他负责的权利。在这里，你让我看得清清楚楚，你所谓的给予是

‘掌控’。”

小诗哭泣。

我：“我只是告诉你我看到的，你可以关心他但不要担心他。你把别人的责任负完了，那弟弟负责什么？他连参与的机会都没有了，所以该让他自己长大了，是吧！你愿意吗？”

小诗：“我愿意。我就站远远看着就好……”

弟：“姐，其实我知道这些年来你做了很多，我真的不行的时候，我会跟你说，我会认错。”

我：“听到这句话，整个人感觉怎么样？”

小诗：“感觉跟弟弟的距离近了。”

我对小诗比较清楚的有两件事：一是，“付出”对她来说总是容易；二是，“接受”对她来说比较困难。

这时“妈妈”登场了。

小诗：“妈，很多时候看到你忍得很累，我也很想帮你，但是不知道怎么帮？”

妈：“你从来没有问过我要什么。”

我：“你要什么？”

妈：“其实我想要你多跟我说说话就好。”

小诗：“可是我只会给你钱……”

妈：“钱，我有啊！”

我：“路边有这么多提款机，多提一点有什么关系！（全场笑）”

妈："其实我要的不多耶！"

我："所以你跟她要钱其实只是想跟她说话呀？"

妈："嗯，最主要让她知道我还存在。"

我："当你听到女儿说，外婆才像她妈，你不是她妈，她会给你钱已经不错啦……你有什么感觉啊？"

妈："我很不想要她的钱。"

我："你要什么？"

妈："我想要当她妈妈。"

小诗哭泣，深呼吸，擦泪。

我："你要怎么当她妈妈？过去她觉得你的爱是很疏远的，你可能也从没有问过她要什么？"

妈："那时候我也不懂。其实我一直都在关注你（面向小诗）啊，看你和外婆互动时我好羡慕，因为那个亲密感是我和你之间没有的，以致于你回到家里的时候，我拼命去讨好你，却不知道怎么做才是你要的。"

我："你知道妈妈一直在用她的方式关心你吗？"

小诗点头。

我："是以前就知道，还是现在才知道？"

小诗："以前就知道，但不愿意承认。"

我："喔，所以一直摒弃它。当你现在承认以前就知道，你的身体有什么反应吗？"

小诗："心里很暖，因为我心里一直固执地认为妈妈不关心我。”

妈：“其实我对你跟弟弟没什么区别，一样都是爱。”

小诗：“妈，对不起，我一直都误解你，一直都抱怨你，一直都不接受你。”

妈：“能听到你这么说，我真的非常的开心。天底下哪有妈妈会生女儿气的？”

我：“所以你现在决定不挡住妈妈的爱，你愿意接受她进来？”

小诗沉默。

我：“你值不值得妈妈爱你？”

小诗：“值得，但是我一直觉得不够。妈妈，因为我是你的女儿，哪怕我一无是处你也会爱我是吗？”

妈：“是啊！我看到你那么独立，那么坚强，又给我那么多钱……你每次来看我，我都很开心。尽管你指指点点这个那个的，我眼里看着，但心里还是很开心。”

小诗点头：“我觉得每个周末回去看妈妈是最开心的日子。”

我：“只是你心里不承认。”

小诗：“每次你做了一桌子菜，我都说难吃，可是下星期回去你依然还是会做。”

妈：“有那么难吃吗？”

小诗：“真的不好吃。”

我："嗯，这是一个很特殊的家庭。一个听到难吃，继续做给你吃；一个喊难吃，继续回来吃。你们的爱和别人家很不一样，对吧？看来两个女人可以聊天了，这挺好的嘛！"

小诗和妈妈的这段对话不仅存在母女互动当中，夫妻关系也常如此。因为我们没有真正地学会"心口如一"的表达。我觉得妈妈嫉妒女儿和外婆的亲密关系是正常的，但小诗的妈妈嫉妒时又不能名正言顺地说，这是微妙之处，虽然说不出口但行为会透露出来，人的年纪愈大不代表愈成熟。

"其实外婆照顾而你气自己的妈妈，像不像你妈妈照顾你的儿子，你跟儿子计较一样？"我这一点出来她就恍然大悟了。

现在小诗大概知道，现实中的妈妈可能不太有能力过问女儿的心事，而且问了可能也不太有能力去解答女儿心中的疑惑。角色扮演的好处是可以把现实生活中说不出来的话讲出来，很多成员在家里不知道该如何表达，就会找个借口启动"角色扮演"，尤其是彼此之间的关系尴尬或不健康时。将小诗调整到妈妈的角色，让她易地而处、换位思考，原来真的当妈妈的会做出那样的事情。

她们后来的话题围绕在"外婆"身上，就谈谈她吧！

我："外婆的个性怎样？"

小诗："她……希望大家都听她的。"

我："也喜欢'掌控'？"

小诗："对。"

我："妈妈和外婆还蛮像的。"

小诗："对。"

我："在一个人的世界里，你习惯孤僻地跟自己独处？"

小诗："对。"

我："除了儿子之外，其他人都不存在你的世界里？你有个象牙塔，你把那个小男孩带进来，跟你一起被关在象牙塔里头，是这样吗？"

小诗："好像是。"

我："什么原因，让你习惯把他带在你身边不放？"

小诗："希望有个伴吧，小孩呗！"

我："这个画面我突然觉得熟悉，你熟不熟悉？"

小诗："呵呵……有点熟悉。"

我："你认为这对他是关爱，当你需要作伴时就把他卷进来，你有没有问过他要不要？这难道不也是一种掌控？"

小诗："好像是。"

我："你会这么掌控一定有好处。那个'好处'是什么？"

小诗："如果全在自己的掌控中，我会很放心。"

我："还有呢？"

小诗："很累啊！"

我："你是不是应该掌控别人少一点，掌握自己多一点？你看，妈妈是主人，弟弟是主人，儿子是主人，他们可以做自己的事，你却要去当他们的主人，也不问对方愿不愿意，想掌控就掌控了。”

小诗：“原来我的付出都是，掌控，啊！（笑）”

我：“没错。所谓的‘掌控’都是将自己以为的爱给别人，要别人按照自己认为对的方式去做。”

最后谈到“爸爸”的角色，虽然这过程中谈得少，但小诗抽丝剥茧后慢慢发现，原来妈妈的强势和爸爸的弱势无形中取得一种“和谐”。如果爸妈都强势，这家庭不是吵闹就是争执，所以很多事情爸爸光听不说，只是不是小诗期待的方式。因为大部分的孩子都希望有个强大的父亲与温柔婉约的妈妈，可是现实生活中并不一定是如此。

小诗不喜欢妈妈的掌控，她认为就是因为妈妈掌控太多，弟弟才不独立。但妈妈觉得小诗也习惯“掌控”别人，例如掌控自己的儿子，但小诗说：“我是跟你学来的。”妈妈笑了：“你是跟外婆学的，不是跟我学的。我们都是跟她学的。”或者说，小诗从外婆和妈妈身上都学到了精华，“掌控”的功夫更高明了。我问她们：“你们有这么多的时间掌控别人，却从来不掌控自己。是吧？”

很多孩子不喜欢父母的某些行为，但成为父母时，却不知不觉复制他们的行为，并内化为大人对孩子的理所当然。我们曾经被大人捆绑，却也捆绑自己的孩子；我们曾被父母限制的也不知不觉拿来限制我们的小孩，甚至复制了很多原生家庭的问题到自己的婚姻里。

小诗发现，很多时候她对儿子的行为与想法都想横加干涉，给出自以为正确的建议，虽然大部分时候的语气都委婉温和，但那是一种更“高级”的掌控，导致儿子更依赖，因而很多问题出现的当下立刻问妈妈的意见，不敢自己做决定。还好她察觉到这个问题并及时暂停，把选择权交还给儿子，尊重儿子的决定。我觉得这也是一种进步。

退一步，海阔天更蓝

夫妻之间经常出现一种状况：太太谈她的希望与梦想，而先生却听成了要求，因而让原本的芝麻小事变成了滔天大祸，身心均付出极大的代价，久习酿歧异，最后甚至走到离婚。

相信没有一对新人在结婚时，就事先准备好离婚的。

父母的互动模式，会影响子女。不是不能吵架，而是要懂得如何吵一个“健康的架”，这比无言相对、相互猜忌来得好。

因为父母良好的婚姻生活，是给孩子最好的礼物；各自退一步，海阔天更蓝。

最后一搏，练习再练习

“在座的有没有夫妻档？请举手。”几乎每一次上课都有。有的新婚、有的生活超过二十年但感情疲乏、有的同住一个屋檐下却无话可说……我印象很深的是一对夫妻，他们将在上完课后，决定两人的未来——在一起或分开。我猜他们愿意参加成长课，大概想做“最后一搏”吧！

我们上课的座位是马蹄形，类似注音符号的ㄇ，我坐的位置是ㄇ字空白处。这对夫妻一个坐在我右边最后一个位置，另一个坐在我左边第一个位置，两人的位置呈斜对角线。

他们目前是分居状态，导火线是先生对太太施暴。顾虑孩子的关系，男的考虑“复合”，但女的阴影犹存，并没有同意。

男方絮絮叨叨地说一些话，重复的重点是“我要跟老婆和好”；但女方不回应，眼神流露出“哀莫大于心死”的神情。

我问男方是否真的想复合，他回：“非常想。”

首先，我要求男方在众人面前向女方道歉，并做出承诺，不论发生什么事，都不会动粗。这个要求可能会让男方感到尴尬，没想到他毫不考虑地站起来，诚心诚意地道歉了。

我问女方可以接受吗？女方不相信，她觉得先生脾气很“爆”，情绪一来就动手，根本不会记得承诺，“我心冷害怕，根本不想待在家里，如何复合？”

我问女方：“你愿意坐在这里一定有原因，可能是习惯或依赖或责任或爱，你能告诉我是什么吗？”

她默不作声。

“你还爱他吗？”她说没有。

我说：“你会走进来，表示你还在意他对吧？”她想了想说：“嗯！当年觉得他像个男人很有责任感，以为自己找到依靠；却不知道他会使用暴力，这让我很痛苦。”

男方对于暴力提出辩解，“我就是控制不了我的情绪……”

“控制不了情绪”是施暴者很容易脱口说出的理由。

我反驳他：“你真的控制不了吗？如果车子开到悬崖边，快掉下去了，你会控制不了继续踩油门吗？”他说：“不会，那很危险。”所以“控制不了情绪”不是理由。

不过男方听到女方还在意，很感动，补了一句，“我也在意她啊！”但我想厘清，“你是在意她？还是在意自己有一个‘家’的归属感？”这时男方愣住了，接着用哽咽的语气说：“我爸从小就是这样打我妈，我不喜欢，我想要一个和谐的家庭……”某种程度男方重复了父亲的行为模式，或许无意，但耳濡目染之下就学会了。

虽然“积习‘难’改”，但只是“难”而已，并非不可能。我希望男方能从不知不觉伸手想打人，到后知后觉，再进步到当知当觉，到下一次可以防患于未然，甚至先知先觉。我问：“当你想打人时，可以手不举起来而用别的方式吗？”他沉默不语。

这当然需要练习。

上课的学员都了解他们夫妻的故事，我找三人扮演他们一家三口。

演练中，当夫妻面对压力而产生情绪时，扮演孩子的学员选择的位置真如他们孩子的反应。例如，当爸爸太凶，孩子会靠近爸爸这一边；如果妈妈太凶，孩子会靠向妈妈这一边。这个孩子很有意思，他说："如果爸爸太凶我不靠爸爸这一边，我怕他会打我，但我的心在妈妈那一边。"虽然不见得每个家庭的孩子反应都是如此，但在这个家庭的确是这样，这也让两人思考他们的争执，造成孩子外在的行为和内在的想法多么不一致。

练习中，当先生原本想打人的手放下时，太太竟然愿意转身与他面对面；这时，两人的感觉都不错。当他们开始准备对话时，先生向中间迈出一小步，一开始太太愣在当下，却忍不住倒退一步，这说明不是先生一个改变，太太马上就能接受；直到太太相信先生真的改变了，她才愿意往中间迈出一小步……这时候，孩子愿意加入他们，呈现等边三角形的画面。

借由这些画面，他们体会到这个婚姻难题有可能改善。

我后来听到他们的消息是三年后，两夫妻真的复合了。

其实，不见得这样的心理成长课都能让夫妻关系改善，但至少这一对是好的结局。

开始和自己相处

另一对夫妻的故事跟他们类似，不一样的是，先生的问题不是家暴而是外遇。

这对夫妻最大的转折点是，他们看清对方如何将原生家庭的沟通方式带入婚姻里。

老公是家里的老幺，家人把他伺候得很好，他享受所有的权利却不必负责任。夫妻合开公司，但太太揽下所有的事一肩挑，先生却逍遥在外，后来因跟女性有暧昧行为被抓包，导致婚姻破裂。

太太在娘家是老大，母亲早逝父亲续弦，长女如母的她尽责地“管教”弟弟妹妹，她为了家庭和谐忍下后母所有不合理的作为，一肩扛下娘家的责任。婚后她把事业家庭全揽在身上，管先生像管孩子，但她愈管老公，老公跑得愈远，直到外遇。

言谈中，我觉得她失去了自己，连最喜欢的电影都不敢一个人去看。于是我给她的功课就是一个月最少独自看两场电影，学会如何跟自己相处，如何爱自己和享受生活，而不是把重心放在先生身上。我说：“你要放手，给彼此留个空间。你生病了，这信号告诉你，你需要休息了。”

一个月后她再上课时，重点都放在电影上。她是个好学生，为了看电影做足功课，从挑片、选戏院、选时段，不知不觉转移了对先生的注意力。

以前当太太的她在后面紧迫盯人时，先生觉得烦；但当太太把注意力从先生身上移开，这下原本习惯被太太盯的先生开始紧张了，担心太太不在乎他，反而回过头找太太。这招叫“欲擒故纵”。

在夫妻关系上，她没有改变先生而是先改变了自己，没想到间接也改变了先生。当她学会和自己相处，身心都处在一个比较愉悦和谐的状况，就不会什么都看不过去了。

不过他们改变的过程像剥洋葱，今天处理了最外层洋葱的疮疤，以为没事了；却发现第二层有其他问题，剥开第三层马上浮现第四层问题……但整体而言，太太先改变自己，逐渐改变了先生。

深入自己的心，和它说话

第三对夫妻，太太罹患抑郁症，起因也是先生外遇。夫妻当怨偶多年，感觉是住在同个屋檐下的室友，她好几次想做个了断却断不了。

我问：“你可以选择不原谅他，直接跟他离婚，但你仍留在原地的目的是什么？”她说：“我想给孩子一个完整的家。”

我觉得这是“自欺欺人”的答案。

在婚姻生活里，夫妻间的一举一动，如不良的沟通、争吵、语言暴力……无形中都牵动着家庭的每一个成员。子女永远是家里最好的观察员，当父母感情不睦，就不是一个完整的家了，哪怕是学龄前的幼儿也看在眼里，他们都是受害者。

只是父母不敢真实面对自己，因为婚姻走不下去一定是一方不爱了，勉强维持着婚姻，很多人是因为怕自己还爱对方却被拒绝，才会说出这个看似名正言顺的理由，其实孩子只是大人的棋子。

我继续问："你真的是为了给孩子一个完整的家吗？为了这个理由自己痛苦得睡不着？还是你对他还有感情，放不下？"她若有所思，没有回答。

男女关系的成分不外乎三种——情、性、钱。你可以深入地问自己，对方哪一点吸引你，让你在他外遇后还愿意容忍？

所谓的"情"，包括夫妻与孩子牵连的亲情，还有一点是社会道德压力。

另一个是"性"，你可能看到一个高富帅的男子和一个其貌不扬的女子交往，或者一个很漂亮的女人手勾着一个很丑的男人，隐藏内在无法言说的，可能是性，因为对方让他们的性生活欲仙欲死。我曾经遇到一个外遇个案，她先生是公司的CEO，她却爱上先生的部属，她说："我遇到他有如久旱逢甘霖，在理性上我不愿意但在情欲上却克制不住啊！"

最后一个是"钱"，钱不是绝对的，但可满足个人在衣食住行各方面的质量，有些人为了求生存为了丰衣华食，会因为对方的财富而选择留在婚姻里。

罹患抑郁症的太太后来说，她对先生的外遇深恶痛绝，好几次真的想离婚，她尝试离家出走，却发现离不开他的心。

离不开他的心？这意味着什么？

外遇的确会摧毁夫妻间的“信任”，但更需要回头看看信任是如何在两人的婚姻生活中一点一滴崩塌的。而“离不开他的心”这句话，透露了一丝重修旧好的曙光。

让自己更快乐一点

夫妻的关系千百种，这一对没有家暴没有外遇，问题全来自家庭的生活琐事。不过我朋友为了这个案做了三次咨询都没有成效，请我代打。

他姓蔡，大家都叫他“小蔡”。

小蔡一进门就一副“我看你有什么能耐”的模样。

我说：“你好。”他回：“你好。”

我问：“紧张吗？”他回：“不紧张。”我说：“我很紧张。但你为什么不紧张？”他说：“反正就这样啊！我就来啦！”那意思其实是，“我既然来了，你就要把我的问题处理好。”

我们的寒暄就此打住。

我紧张是因为，短短的一小时不知道能否帮到什么忙。

我：“你这次来的目的是什么？”

小蔡：“我希望能改善‘夫妻关系’。”

我：“你们夫妻有什么问题？”

小蔡：“我老婆对我的表现不满意，我对她的表现也不满意。”

我：“天底下没有一对夫妻对对方百分之百满意，不满意是正常的。但你有什么事让你老婆这么不满意？”

小蔡：“老婆骂我不分担家务，乱丢东西……”感觉他要一直讲下去了。我阻止他，“我们今天只谈一项你老婆对你最不满意的，是什么？”

他叹了一口气说：“我有乱丢东西的习惯。我的车钥匙只要一回家就随便扔，每次出门要花很多时间找，找不到我就会一直念，‘钥匙到底在哪里？你有没有看到我的钥匙？’我老婆听我念很烦，其实我根本没有要她帮忙，只是念给自己听而已……”

我：“一个屋子如果只有你们两人，其中一人翻箱倒柜找东西，另外一人会有什么感觉？”

小蔡：“也会很烦。”

我：“如果一直找不到但对方一直念呢？你有什么感觉？”

小蔡：“会生气。”

我：“再来呢？”

小蔡：“没有感觉了。”

我：“因为太多次所以没有感觉了，是吗？”小蔡：“大概是吧！”

我：“如果你们夫妻两约好时间要出门，其中一人一直找不到钥匙，你觉得另一半会不会帮忙找？”

小蔡："会啊！"

我："那就对啦！所以你老婆觉得烦是有道理的嘛！"

他觉得这话题可以结束了，接着说："不只这个，还有做家务……"我阻止他，"钥匙还没谈完呢！"

我："你接受咨询三次了，难道你们夫妻相处的情况丝毫没有改变吗？"

小蔡："改变啦！以前十次出门，有八九次找不到钥匙，现在进步到只有两三次。"

我："哇，这个进步幅度很大喔！你变得快乐一点吗？"

小蔡："没有。"

我："你有了这么大的转变，老婆对你的态度都没有改变吗？"

小蔡："都没有，我也不快乐。"

我："为什么？你不觉得奇怪吗？"

小蔡耸耸肩。

我："会不会，原本你希望老婆看到你的进步，按照你喜欢的方式给予赞美，但你老婆的反应并没有符合你的要求？"

小蔡："我不知道。"

依我的经验，当个案说"不知道"，通常是"知道，但我不想承认"。

就在这时候，小蔡停了一秒，轻轻地做了一个深呼吸，发出"喝"的一声。

我：“你的身体终于有反应了，到底发生什么事？”

小蔡：“是吧，就像你说的，我希望她做出令我满意的反应，但她没有。”

我：“会不会你并不想改变，而是希望别人为你的改变或情绪负责？好比你做了一些改变，别人也要做出相同的改变满足你的需求？”

我拿起身边的一瓶矿泉水，问：“你看到什么？”他说：“快满了。”没错，这瓶水只喝了十分之一，还有十分之九的水。“我发现你在生活中看到的是没有的十分之一，你没看见自己的改变，也没看到你老婆的改变。”

他沉思了一会儿说：“是吧！”

“现在你静下心想想，你老婆有哪些改变，例如她脸上的表情或语言？”我提醒他，“会不会念你的次数少了一些？或者，态度没有那么不耐烦？”

他想了一下，露出点笑容，“好像有喔！”我接着说：“但你老婆的这些改变好像都不是你要的，那么你要什么？”他陷入沉思。

我说：“你并没有欣赏你老婆的转变，其实那也是一点一滴积累下来的。你刚刚‘喝’的一声，是人‘活’过来的感觉。你的身体有什么反应？”他说：“心情松开了。”我说：“那表示能量是流动的。”

钥匙的事暂告一段落。

接着我问他老婆还念他什么事，他很快地回："不洗碗。我都在外面工作她在家，我觉得洗碗是她的事。"他们家是"男主外女主内"。

我："你老婆在家都做些什么？"

小蔡："带孩子。"

我："可能孩子缠着她，所以她无法洗碗。一个礼拜有七天，你可不可以洗一两次？你不是想要改善夫妻关系吗？既然你老婆希望你分担家务，你就帮一点忙，为改善夫妻关系做一些调整嘛！"

小蔡："好啊，我愿意啊！"但是，他又说了："我帮孩子洗澡，我老婆就可以洗碗啦！"其实这是夫妻家务分工的琐碎杂事，"你在绕圈子，我不跟你玩跳棋。重点是你愿不愿意分担家务？"他很小声地说："我愿意。"我提醒他，要真的愿意才行，光嘴巴说愿意是没用的。

我："你想想看，如果你从不洗碗，现在终于一个礼拜愿意洗一两次碗，你老婆会怎样？会不会有变化？"他说："会。"

洗碗的家务事谈完，我们继续谈第三项"折衣服"。老婆抱怨他从来不帮忙折衣服，"你愿意像洗碗一样，一个礼拜也折一两次衣服吗？""我愿意啊，但我每次折衣服她都骂我不是那样折，折到柜子放不进去……"那当然喽，折的衣服放不进柜子，那折它干嘛，"你可以学你老婆那样折衣服啊！""我学不会。""那不要学，这部分让她干。但你家除了折衣服还有其他事可以分工吧？”他说：“折毛巾。”我说：“很好，你就折毛巾老婆折衣服。如果这样分工你可以接受吗？”他脸部表情不再僵硬，回了一个字“嗯！”

我问他进行到这里，心里有什么感觉？是一团火在冒呢还是……他说：“有暖暖的感觉……”“太棒了，要不要跟着我一起呼吸，呼吸时心脏会跳动，让这暖暖的感觉扩充到你胸腔继而到全身，不要急，自然呼吸……”他跟着我做，“哇，你的全身都有感觉，出乎我意料之外的快，我以为你动不了了。”

我不光听他说，也看他身体的变化，发现他愈来愈放松，包括他嘴角扬起还有脸上浅浅的微笑。

“不是为了你老婆，而是为了改善夫妻关系，得先从你自己变得快乐一点做起。”

但还没结束，我们最后做一个练习。

“刚刚你不是说回到家老婆一直骂你、挑剔你吗？我们请两个同学练习，找一个人扮演你老婆，找个人扮演你儿子，你自己站在那边，好吗？”

扮演他老婆的同学就学他老婆的口气：“你回家什么也不做，钥匙乱丢、碗不洗、衣服也不折……”我问小蔡什么感觉，他说：“很烦。”“除了烦之外呢？”他说：“生气。”我问：“当你很烦又生气时，会想做什么？”他说：“不理她。”我说：“你转过身背着老婆，这又是什么感觉？”他说："什么感觉也没有。"我问："这就是你们平常的日子对吧？"

"现在换你站在老婆的位置，当你看到老公背对着你时，是什么感觉？"他说："很烦！"我问："你希望老公做什么？"他回："转过身跟我说话啊！"

话一说出口，他似乎也懂了。接下来，当他转身跟老婆说话时，老婆并没有积极的动作，有时停顿有时反而后退，直到老公坚定地走向中间，老婆才移动脚步也往中间靠拢……这说明改变需要时间和过程，不是一蹴而就。

我看向他说："你不是想改善夫妻关系吗？现在应该知道怎么做了吧？"

"应该"少一点，"偶尔可以"多一些

某日上完课，一位长得高瘦，绰号"竹竿"的男学员走过来，我问他有什么事，他说不出来，但感觉他不快乐。他说，严格说来，并没有一个具体的"事件"困扰他，却有一股庞大的压力压得他喘不过气来。

他在一家电脑公司上班，有不错的收入、贤惠的妻子和一双儿女，但不论在工作或家里，一股喋喋叨叨的话在他耳边萦绕不去，例如，"你应该……你不应该……"间接指责他做得不够完美。"竹竿"是个责任感很重的男人，每天都在修正自己的行为以符合太太和主管的要求……"但是我快

疯了，怎么办？”

这股庞大的压力，几乎每个家庭或团体都有。

从某个角度看，这应该也是一般人可能遇到的问题。

生活中，我们经常会听到女人们抱怨老公：“他应该上进一些、他应该每天早点回家、他应该多帮我分担一些家务；他不应该把教育孩子的责任都推给我、他不应该忘记了结婚纪念日、他不应该下班后还跟同事聚餐……”或者抱怨孩子：“他应该努力学习才对、他应该听我的话；他不应该迟到、他不应该玩电动……”

你会发现，这些抱怨总少不了两个词“应该”和“不应该”，似乎这些事天经地义，都是对方必须做到的。

这种“应该”和“不应该”的思维造成关系中的紧张和矛盾。“应该”是心灵最大的监狱，让对方感觉自己在牢笼里，更束缚了我们自己。

有一次在课堂上，我让参加的学员，练习一个关于夫妻互动的游戏，希望大家在体验的过程中了解自己与另一半的关系。

学员分成两组，一组扮演“贵妇”，另一组扮演“贵妇身边的宠物狗”。

当贵妇们齐聚一起谈论着自己的宠物时，扮演宠物狗的伙伴只能听主人的语言，用心觉察他们内在的身心反应。仔细听，每一个贵妇的指责不外乎：“他应该……他不应该……”

把平日对老公的不满和抱怨一股脑儿跟朋友分享。

在一阵言语轰炸后，角色互换。我邀请扮演宠物狗的伙伴坐中间，贵妇坐后面，聆听“狗狗”的反应：有的说想要咬那个主人、有的说很愤怒、有的说很委屈、有的说自己只想赶快离开……但也有“狗狗”喜欢某些主人，想搬过去住。

他们用肢体反应来表达自己的情感，而贵妇们在他们身后仔细聆听与体会宠物们的心理反应。

最后，我让他们恢复太太和先生的身份，彼此对话。

我问：“如果你们的生活还要继续，拿掉那些‘应该’或‘不应该’，会不会有不同的感受？”

透过这个游戏，我们可以充分体会到人际关系里的抱怨和责骂，会给彼此带来什么样的心理伤害。至于矛盾是如何产生的，就是那些“应该”。

“应该”是从哪里来的呢？就是从小培养起来的思维。从一出生到上学再到成人，一路走来，我们的父母、师长、社会、道德观等等，一直在告诉我们什么应该做、什么不应该做。女孩应该如何、男孩应该如何、学生应该如何、上班的人应该如何、好男人应该如何、好女人应该如何：应该优秀、应该上进、应该得到别人的认可、应该有责任心、应该赚更多钱、应该有车子、应该有房子、应该成功……那数不尽的“应该”成了每个人头上的紧箍咒，勒得我们愈来愈疼，也形成背上的包袱，压得我们喘不过气。

渐渐地我们被这些“应该”淹没了、俘虏了、同化了。虽然会下意识地对别人扔过来的“你应该”感到莫名愤怒，但却也用这些“应该”要求、抱怨、指责别人，包括伴侣、孩子、朋友、下属和同事。

这些人每天听指责，当然会想回击，有的跟你吵，有的躲开，矛盾愈演愈烈，以致最后局面无法收拾。心理学上讲“指责和批判别人，实际上是不允许自己，是对自己的不满”。想一想，当你用手指着别人的时候，另外四个手指头正指向自己。

话说回来，这些“应该”本没有错，它们之所以成为普遍的准则或者社会道德，是有先人的智慧在里面的。这些“应该”是有利于人们更好地成长和为人处世的，它们的本意是为了更和善地相处，以及维持社会和谐。那么，错在哪里呢？错就错在你把它们当成了“天条”，不可以有丝毫的违反。任何规则当你把它看成了“绝对的”，它就开始起反作用了。

怎么办呢？

很简单，把“应该”变成“偶尔可以”。

试试看，“我偶尔可以不优秀”“我偶尔可以迟到一下”“我偶尔可以不守时”“他偶尔可以不上进”“他偶尔可以懒散一些”“他偶尔可以糊涂一些”“他偶尔可以玩一玩游戏”……诸如此类。

“偶尔可以”保留了那些“应该”原有的、有益的东西，却给每个心灵大大的松绑；把“绝对”变成“相对”，把“死的”变成“活的”，把“绝对不可”变成“可以”；这就好像给密闭的牢笼打开了一扇窗，让住在其中的我们可以透透气。

你不妨试着把“应该”留在某个特定的情境里，让“偶尔可以”松绑自己或别人，找到自由的出口。

价值观更需要“门当户对”

有个学生，父亲只有小学学历，是个土财主；母亲大学毕业，但家里穷；双方父母都看中对方的优势，透过媒妁之言结婚成家。如今父亲拥有好几家公司，母亲担任其中一家的负责人。由于原生家庭的环境差异颇大，婚后父母一直为生活习惯、金钱观、价值观等问题，争吵不休，俨然成为住在同个屋檐下的陌生人。母亲有感而发地对她说：“这是‘门不当户不对’的悲哀啊！”

很不巧的是，即将结婚的她也面对类似的问题：她在学校教书，对方是同校老师，但他父亲是个工人，且因早年嗜赌而负债累累。她的父亲以双方家庭不“门当户对”的理由反对这桩婚事，她很痛苦，反问：“现在还谈‘门当户对’吗？”

的确，相似的社会地位与经济环境的孩子容易走在一起；若非后天努力，海归的富二代还真的很难与贫困山区教育程度不高的孩子走到一块。你可以与未来的伴侣有一定的差异，但要有基本的方向和原则，否则容易两败俱伤。

通常谈及婚姻中的争执时，最常提到的就是房子、车子、钱……起因是双方对物质条件的看法分歧。的确，某种程度上，我赞成“门当户对”的婚姻，但指的并非社会地位和经济条件，而是有共同的“生命经历”“价值观”和“亲密关系”。所谓的“亲密关系”是可以在另外一个人面前完全地做自己，敞开自己，与对方分享生活点滴，这才是真正的“心灵伴侣”。

我举脸书（facebook）创始人马克·扎克伯格（Mark Zuckerberg）的婚姻为例，他在2008年被《福布斯》杂志评为全球最年轻的单身巨富，也是史上最年轻的靠自行创业的亿万富豪，保守估计拥有十五亿美元身家。当他迎娶华裔女孩普莉希拉·陈（Priscilla Chan）时，曾引起轩然大波，因为他太太出生贫寒。岳父是中国人、岳母是越南人，夫妻俩以难民身份去到美国。

为了维持生计，工作繁忙的夫妇把普莉希拉托付给连英文都不会的爷爷奶奶带大，双方的家庭背景差异颇大。但是，他们都毕业于哈佛，有共同的学习经历，能一起谈教育、医学与慈善事业。从这个角度看，他们有相同的价值观，所以人们了解之后，就不会诧异这个高富帅为什么会娶一个难民家庭出身的华裔女子了。

他们毕业于同个大学，有共同的阅历，能分享生活；对事情的看法即使不相同，也有气度尊重彼此的差异……他们思想契合，两人能交流沟通，了解对方想法，这就是一桩“门当户对"的婚姻。或者，我读过很多书，哪怕你没我读得多，但你有很多生活阅历，所以我们聊得来；或者，你很富裕，过的是有钱人的生活，我虽然穷却可以过着跟你一样有质量的生活，重点是质量……都算"门当户对"。再或者，我送你一颗钻戒，你送我一朵鲜花，不管钻戒或鲜花的价钱如何，在彼此心目中，"价值"一样，爱的意义也就一样了。

至于父母这一关，的确不少家庭会受到"家庭背景"及"文化教育"的影响。不过我请这女生自问，你们有"门当户对"吗？请想清楚。如果是的话，说服父母这一关，这样就皆大欢喜；如果不能说服，就请父母祝福你们，毕竟自己的选择才是最重要的。

谁先外遇

一般人谈"外遇"，通常是指先生跟外面的女人或太太跟外面的男人发生感情，似乎一定要出现"小三"才叫"外遇"。但是真的如此吗？

大家都"窄化"了外遇，很多人以为所谓的"外遇"是指另一伴与异性有了感情；其实不然。外遇对象也可能是同性，例如女（或男）人遇到同样婚姻或事业失败的女（或男）性友人，当彼此愿意倾听对方的心事，在对方无助时伸出援手、提供温暖，他（她）们也可能发展成婚外情。

我在这里广义地谈外遇，泛指专注于工作或个人嗜好以致忽略了另一半的精神需求，不在意另一半的生活、感受，在某种程度上，这也叫“外遇”，例如旅行外遇、逛街外遇、打电动外遇、露营外遇、健身外遇……还有一种属于“艺术外遇”，指另一半喜欢独自听音乐、看画展、看电影……为什么他们不喜欢有人在旁分享呢？答案常常是另一半走不进自己的生命，或是你没让对方走进你的生命，所以当你独行，某种程度是危险的讯号；当你沉浸在自己的领域，已经离开另一半了。

其实投入工作并没有错，热衷于宗教活动也没有错，喜欢艺术也很好，可是不能像上了瘾般地把所有的心力都放在那里。当你忽略另一半的精神需求，沉浸在自己的爱好中，那就是我所谓的外遇。

工作与另一半，孰轻孰重？

上课时，岳稜主动提起自己的抑郁症，愈晚愈难睡，常常失眠。

我问：“你平常在上班吗？”

原来岳稜从事服装设计十几年，自己开了一间小公司，每天早出晚归，花很多时间与客人讨论设计、款式和材质，回到家都很晚很晚……

我再问："你什么时候开始睡不着？什么原因导致你失眠？"

她的情绪骤降，低声说："我先生外遇了……"说得有点难为情。这现象很正常，我遇到很多类似的个案，鼓励她继续讲下去。

岳稜说："我们念大学就认识，是班对，感情很好，婚后生活美满，同学都说我们是'神仙眷侣'。后来我找到非常喜欢的服装设计工作，客人很满意我的服务，由于跟老板理念不合，我就出来自立门户，生活变得更忙碌。就在一切都不错时，我怀孕了，没多久，先生就外遇。我崩溃了，开始睡不好，过去美好的时光几乎一笔勾销……"她气先生背叛婚姻，愤怒之余也把这股怒气转嫁到尚未出生的孩子，"要不是你，我早就离婚，一走了之……"好像是这孩子阻挠了自己的未来。但她又心知肚明孩子没有错，发完脾气，对孩子感到抱歉，生活处在矛盾与困惑中，闷闷不乐、食欲不振。她白天工作很疲倦，晚上失眠症状愈来愈严重，只好求助于医生。

"医生怎么诊断？"

"医生听完我的叙述说是'抑郁症'，就开药给我吃。"

她吃了药仍睡不着，医生就加量，但不见改善，这情况已经持续好多年。她跑过很多地方，看了不少医生，甚至求神问卜，帮助都不大。后来经由朋友的建议才报名上我的课。

我听完她的故事就忍不住笑了出来。

她面露不悦地问："老师，您笑什么？"

我说："是你先外遇的呀！"她听了很不高兴，提高声调反驳："我哪有？"

我说："你专注于服装设计，投入大量的时间在工作上，几乎每天加班，冷落在家的先生，那不是工作外遇是什么？"

她一听，整个人愣住。

我反过来问岳稜："如果你先生像你一样，着迷于自己的工作，下班得晚，回到家精疲力竭，而待在家里的你遇到困难，因为等不到另一半协助你解惑，这时有人向你招手，对你嘘寒问暖，陪你用餐谈心，你会不会靠过去？"

她说不出话来。

我找几个同学出来"体验练习"。

第一个练习的场景在店里，有客人A和客人B。

服装设计师正帮客人A设计衣服，每个细节都不放过，弄得很仔细，消磨很长一段时间……我问坐在椅上等很久的客人B："你是什么感觉？"她回答："我会吃醋、嫉妒、生气。"接着抱怨说："我挪开其他行程跟她约好在这里，她忙到没时间理我，我可能就不等，找别家了。"

第二个练习时，我请出三位学员，一位扮演她自己、一位扮演她先生，另一位是所谓的第三者。

先生准时下班回到空荡荡的家，这时太太还在店里忙呢，直到晚上十点，先生好不容易等到太太下班，他白天在公司因与主管意见不和，心里有些委屈想跟太太说，但太太实在太疲倦，完全听不进去，“你不要烦我，我很累，我要睡了。”几个礼拜后，先生向办公室一位女性同事（第三者）倾吐，他想，反正太太很晚才回家，干脆跟她约在外面吃饭；女同事善良体贴，对他呵护备至，果然……

我觉得第三者未必是她先生想要的，但在那当下，女同事接纳他、理解他、支持他，先生不知不觉就靠过去了。当另一半对外面的人动心起念，外遇的危机就出现了。

岳稜不服气地说：“我要养家，我的薪水比他高很多，他应该要体谅我才对啊！”

我说：“你希望他体谅你，那么你体谅他了吗？只有你加班才辛苦吗？你在外面工作何尝理解在家里的人翘首盼望你回家与家人团聚的心情，家人也需要你关爱的眼神啊！”

讲到这里，我从她脸上的表情发现，她从来没想过这些。

我继续说：“就算你的收入比较高，但孩子从保姆家回来是先生照顾，如果你光是赚很多钱而不维系家庭的和谐，这个家成不了一个完整的家。当你觉得先生离你愈来愈远，你有没有想过，也许是你把他推得愈来愈远了？！当你把他愈推愈远时却又希望他忠心耿耿，我觉得在婚姻生活中，你希望他像一只狗，不是一只猫，猫很有主见还自由些；你把这只狗绑上一条链子，你想放长就放长，想拉短就拉短，你不允许他按照自己的方式行动，只能按照你的方式行动；但你忽略了，你的另一半不是狗。有一天，当外面有人接近他，关心他、呵护他，给他好吃的，他可能会挣脱链子，尾随而去……因为没有谁愿意这样完全按照别人掌控的方式过生活的。”她听了默默地点头。

工作，是逃避关系很好的借口。很多工作狂，你觉得他们是因为在工作上很满足，还是因为在家里得不到满足，相较之下，发现工作更吸引人，公司比家更好，因而愿意留下来加班呢?

有些人回到家，和另一半话不投机半句多，无法聊心事也不能和谐共处，那么下班后仍留在公司就不是必须而是逃避。我们会发现很多人不是真正在做事，可能在公司消磨时间或打游戏。

听完我扩充“外遇”的概念，岳稜知道是自己跟工作的外遇造成先生跟另一个女人的外遇之后，看待先生外遇这件事就多了一份理解和体谅。那些烦扰她的问题突然被解开，第二天上课竟然迟到了，她带着歉意微笑着说：“昨晚我根本没吃安眠药就睡着了，一觉到天亮。”

身体不会骗人，当她改变对外遇的看法，整个思维也跟着调整，因为自己错在先就不会那么责怪先生，甚至对先生有一点点的愧疚，当她不责骂不生气，心情就放松；从一个“长期失眠”的状态到“一觉到天亮”，表示前一天的课对她已经达到效果了。

其实迷恋工作与忽略家庭都可能是婚姻的杀手。可是这忽略一不留意就会变成小火燎原，所以我们要随时随地保持觉察：不要因为善小而不为，平常的一句“谢谢”都能促进夫妻的感情；也不要因为恶小而为之，以为一时的发脾气只是情绪上的发泄，接下来却需要很长的时间弥补。

太投入宗教之后……

某日上课来了一位穿着套装和高跟鞋的女性，后来得知她是一家企业的领导。外表看起来自信且快乐，但我特别注意到她身边坐着一位看起来小她十几二十岁的小男生，感觉两人互有暧昧。

后来她的先生也来上课，一位医生，长得很体面，我们聊了几句，他为人善良，谦恭有礼。这对夫妻都年过半百，看得出经过很多历练，从外在条件看，他们是很登对的夫妻。上完第一堂课他过来跟我聊了几句，“天啊，这儿所有的思维跟我原有的想法完全是两回事……”他坦言当天的信息让他无法承受，得回家花一些时间消化。他们唯一的儿子在读高中，高中毕业要上大学的那个暑假也来上我的课。

那天在课堂上有个“体验练习”，医生举手说着感想，感动到自己都哭了。他说：“我选择的角色是父亲。”当年他们好不容易有了第一个孩子也是唯一的儿子，当他出生时，因为早产需要住进保温箱，老婆还在病房，他每天骑着脚踏车从家里到医院隔着玻璃窗看自己的孩子，那时孩子的生命迹象尚未稳定，所以他只要看到孩子“呼吸”就放心了，接着去病房跟太太说“孩子没事……”他的心思回到那当下，因为身上涌动满满的父爱，他被自己当年的行为感动到哭了。

我跟这对夫妻熟识之后，先生邀我去他家，备妥好茶招待我，接着跟我聊佛法。原来他是个虔诚的佛教徒，近年来潜修佛学，家里有个用隔间隔开的佛堂，每天念佛经，他喜欢谈因果，常向大师请益。言谈中他表明他知道第三者的存在。

“你的课是太太坚持要我上，感觉是为分离做准备，但我不能理解。”聊天中，恰巧他太太过来问关于念高中的儿子的事，他敷衍几句，太太则悻悻然离开。他继续聊佛法，我们继续喝茶。

我没有探究他们家庭出现的问题，我觉得每个人都可保留自己的秘密。但听得出来这几年他们都封闭了自己丰富的情感。

聊着聊着，他提到自己的二姐。她的个性古怪不合群，其他兄弟姐妹都讨厌她，只有他体谅，想为二姐做很多事，希望她快乐，“我很纳闷，我对二姐这么好，她为什么始终闷闷不乐？”

我借用惠子的一句话回答他：“子非鱼，安知鱼之乐？你只按自己的方式希望姐姐快乐，并没有真正理解她过去的辛苦和现在的需要；或许二姐只是需要一份尊重和独立的空间，和你给的并不一样。”

我很巧妙地从这里回头谈他的家庭：“这就好比你想用自

己的方式爱老婆，可是她感受不到，因为你不知道她真正需要的是什么样的爱！”

“她需要什么？我真的不知道。”他把夫妻关系合理化为因果。我说，如果要追溯因果，今天的果就是过去的因。

我觉得这个家庭面临的是“宗教外遇”的问题。

我问他：“当一个女人爱不到自己爱的男人时，会做什么？”

他反问我：“会做什么？”

我说，她在家里面对信仰不同、兴趣不同的先生，当她得不到关爱，可能会把自己的爱投射在工作上；如果工作上得不到满足，可能会把情感转向孩子；但孩子大了，到国外念书，她可能把心力转向宠物，宠物也许愿意安静倾听她的心事却无法与她交流，更抚慰不了她内心深处的真正需要，包括身体上的需要。这时，外面男子一个不小心的撩拨，管他年龄差距，最后可能就发生我们眼中的外遇。

我完全体谅他太太的无奈与孤单，“你在家里弄个佛堂，佛堂有个门槛，几乎把所有人都隔在外面，即使太太想亲近你却感觉一尊佛在那儿，一般凡夫俗子爱你有多痛苦啊！”我说到这里，他就哭了。

如果夫妻俩不敢把真正的话表达出来，但每天下班都要走进一个屋子，他进佛堂她进工作室，这两个在事业上都很有成就的人，就组成了一个错的家。

很多人认为只要外遇对象不是人就有很好的借口——我没

有真正发生外遇。另一半也一样，只要外遇对象不是人都可以接受。

但我觉得宗教外遇更甚于其他外遇。有些有名的宗教在你遇到困难时成为避风港，大家趋之若鹜地在这个团体找到归属，甚至借由宗教团体行救援或善事得到很多反馈和回响。当你的价值存在了，你在团体得到谅解了，但是回到家里却得不到相等回报时，你反而会更把宗教变成你的家，甚至把家里的财产往宗教搬，离家就愈来愈远了。

繁华世界里的外遇

除了宗教外遇，还有旅游外遇、艺术外遇等。譬如在家里感受不到温度，与另一半几乎无话可聊，于是开始利用周休二日规划短程旅游，背着背包去爬山、游览风景区，或者搭车、骑自行车、开车，独自一人出游。

在外面他们才找到了自己，因为心灵有了安顿，被大自然接纳，被美景接纳，在旅游的过程中，他们觉得很愉快，慢慢地出游次数增加，甚至跨越到别的县市或其他国家。

这些旅程，他们都是独自行走，由于离家，他们借由大自然找回了自己与自己连结的空间，渐渐地规划每半年长程的旅游，例如到京都赏枫、到北海道赏雪景、到澳大利亚看春天、到欧洲看古堡……沉浸在大自然的美景中，疏忽了家庭，因为他们的心已经飞向外地，逐渐酿成旅游外遇。

如果把外面的风景拟人化，雪景是个人、枫叶是个人、高山流水是个人、春天花朵是个人、秋天落叶是个人、冬天雪景是个人、古老小镇是个人、繁华城市……这么多迷人的景致引诱着我们，怎么可能不与旅游产生外遇？

原因正是：在家庭里找不到归属与接纳，无法安身于家。

我认识一对夫妻，两人对戏剧的欣赏南辕北辙，一个爱歌剧一个爱歌仔戏，家里若放一方欣赏的曲目另一方一定批评。有一次我去这对夫妻家，家里刚好放歌剧，不喜欢的先生就说："你看，那在叫什么东西，扯高嗓子尖锐的声音？"但另一半却享受在音乐的旋律里，听到了音乐里的喜怒哀乐。

喜欢歌剧的太太也喜欢画展，两人相伴外出，太太进去看画先生在外流连，久而久之，太太就一个人看画展，天天迷恋在艺术表演和静态活动里。

什么叫外遇？看画展不是外遇，看艺术表演不是外遇，参加宗教活动不是外遇，出外旅游也不是外遇，甚至冲刺事业不会外遇，但是，如果你参与的这些活动已经多过你与家庭的互动，你的情感已经转移到这些地方，就叫外遇。

夫妻之间失去激情，各自被别的东西吸走，对于更有吸引力的外物的热情，超过对家庭和另一半的热情，那就是外遇。

我们所谈的这些"外遇"，通常都是太在意自己要的而忽略另一半，于是就主动外遇了；从另一角度看，这也更突显伴侣之间的差距。

差距未必是坏事，但要注意的是，夫妻之间究竟只是短暂的求同存异，两人有共同的生活，尊重彼此的差异性，并允许对方拥有自己的空间？还是完全为了自己的空间而忽略两人的关系？这是值得思考的。

第2部分

引导

引导个案换个角度看待原先的纠葛，
发现也许并不是自己所看见的模样，
于是问题再也不是问题了。

换位思考

我们遇到问题时，常会因过去的经验、精神状态、生活模式……决定事情的是非对错，但却忽略了在这过程中可能误解对方，因而造成彼此的冲突，或一些没必要的困扰。

“换位思考”是给自己一个机会，虽然你不是他，但在相同的位置，也许有相似的情感，有助于了解彼此，减少误会。即使不能接受这个事实，也因为理解而多一份尊重，多了一份同理心。

若你能设身处地为他人着想，换个角度看待问题，你会发现，问题也许并不是你原先所看见的模样，甚至有可能问题就自行化解，再也不是问题了。

所以这堂课想借由“一张椅子”，让大家有机会站到对方的位置，体验那个角色的想法、感受。

假戏真做，躁郁相随

我在上海机场候机室，正等着返回台湾，接到一通承办单位的电话，说有个特殊个案想报名成长课。飞机因起雾要延误一个多小时才起飞，时间充裕，我就请承办人员描述个案的状况：计算机工程师，在压力下常出现“躁郁”状态，工作期间曾因情绪失控而被要求在家接案，目前是SOHO族（自由职业者）。但她不想依赖药物，更希望靠自己的能力站起来，“不知道这样的学生，老师接不接？毕竟是团体课，我们怕她扰乱秩序……”

这十几年，我遇过不少躁郁症学员，最常见的是躁症、郁症交互出现，而且是持续性非暂时性的情绪。不过，一般人在报名时会隐藏自己的症状，深怕遭拒，她却主动说出来，“我想知道为什么？”承办人员回答：“因为她不觉得可耻。”我冲着她愿意改变的勇气一口答应。

她姓李，年约三十，名字中有个薇，家人叫她“小薇”，她说我也可以这么叫她。小薇身形瘦长，订婚多年却始终没有结婚，目前跟父母住在一起。

初次见面，她很有礼貌地主动跟我打招呼。由于我接纳她，无形中建立起友善的关系，从某个角度看，治疗已经开始了。

当天的重点谈“沟通”，谈自己与他人的关系，还有沟通对人产生的影响……小薇是个极度聪明的人，每每在其他人还听不懂时，她就明白了，会抢在大家之前发言，不过，对于反应较慢的同学也会情不自禁地露出鄙夷与不屑，“你讲话慢吞吞的，到底要讲到什么时候？”她甚至情绪一来，“啪”的一声，站起来开骂，战火一触即发……上课还不到半小时，我就见识到她刁钻的一面。

有一次，她谈话的气势占上风，便开始大谈自己的问题，用字不断重复，希望我先帮她解决。这下换其他同学看不惯了，说她几句，小薇不甘示弱，当场大发雷霆。我发现她会将自己的症状当“优势”，以此为“特权”要挟别人，为所欲为。我立刻打断她的作为，小薇以略带哀求的口吻说：“老师，对不起，我控制不了自己……”我是不吃这一套的，过去也有学员跟我说过类似的话，其实他们内心的声音却是“我就是这副德行，我不想改变，你们改变就好”。

为了维持秩序，我马上跟她设定界限：“首先，不管你有多苦，我愿意陪你；其次，在这里，你没有暴力发作的空间，包括言语暴力，如果出现暴力，我会请你出去。你是成人，我相信你可以为自己的行为负责。”

见我疾言厉色，她愣住了，略有不悦；再过一阵子，她尝试挑战我的界限，见我不为所动，才缓和下来。

其实只要不刺激小薇，她的情绪还算稳定，有时也会主动谈以前上课的情形。她上过一些其他成长课程，有诸多抱怨，“他们把我的伤口拉开，却没有处理……”这句话对我是很大的提醒，我会更加小心谨慎地观察个案当下的状况，不希望他们离开后在别的地方也这样说我。但并不意味着我掉进她的策略而特别照顾，因为每个来上课的学员我都一视同仁。

上课时，只要小薇有好的表现，我会赞美她，并隐讳地让大家知道，被诊断为“躁郁症”的她的某些表现是值得理解和受到赞许的。小薇得到关注，反过来也愿意尊重别人，其他人就比较能接受或包容她异于别人的行为。

小薇的个性有两个极端，兴奋时会高谈阔论，忧郁时畏缩胆怯；一下很热情一下很冷酷，我游走在她的情绪与其他学员之间，小心谨慎，如履薄冰。

小薇的博士念了两年多，我很好奇是什么原因造成她的“躁郁症”。后来得知，她爸爸是盲人，以按摩为生。小薇瞧不起他，念小学时曾因忘记带作业打电话求救，爸爸急了，直接叫一部出租车帮她送到学校。小薇爸爸拄着手杖出现时，引起同学的侧目，小薇抢走作业，推爸爸快离开，“丢脸死了，快走。”

按摩靠劳力，但是收入颇丰，虽然小薇看不起爸爸，他却是家里的经济支柱。

爸爸三十八岁那年从楼梯摔下，右手骨折，家人非常震惊，或许是担心万一爸爸倒下，全家的经济就垮了。从此，每个人对爸爸照顾有加，他想吃什么妈妈都双手奉上，爸爸因此得到无上的宠爱，也提升了自己在家里的地位。

小薇不知不觉地模仿爸爸的行为，内化成自己的模式：潜意识里塑造自己的“弱势”形象，希望变成另一种“优势”，像爸爸一样获得家人的关爱。我相信小薇绝对不是刻意用这种模式博取同情，但身体的智慧吸收心理的暗示，这就好比你希望生病不用上学，身体是会配合，可能就生病了，小薇的例子就是如此。没想到“假戏真做”，弄得全家鸡犬不宁，最后变成“躁郁症”。

八天的课程分两阶段进行，中间相隔一个月。这是有用意的，目的是让同学把上课所学实践到生活上，类似“学习”和“实习”的过程。

上第二阶段的课时，小薇在全体同学尚未到齐之前，走到我面前说：“我几乎快一个月没发过脾气了。”

“很棒啊！”

“但在前几天，我又大发雷霆了。”

“发生了什么事？”

“你不是要我负责吗？所以我为自己熨了裙子……”

原来小薇每个月的第一个星期一得回公司开会。星期日早晨，她从抽屉拿出起皱的裙子，桌上垫一块布，不熟练地用熨斗熨平。那天天气晴朗，万里无云，妈妈走过来，扬起手好意地说：“去去去，你出去运动，我来帮你熨裙子。”妈妈催促她到户外享受温煦的阳光，于是小薇放下熨斗出门。

妈妈小心翼翼地帮女儿熨裙子，没想到中途接了一通电话，忘记把熨斗移开，竟把她隔天开会要穿的裙子熨焦了。小薇回来见状，火冒三丈，破口大骂：“你的脑袋瓜到底有没有问题呀你……”举起手几乎要打人，妈妈就哭了。

我听到这儿说：“小薇啊，经由你的描述，等一下在课堂上，我想呈现一个立体画面让你体会，不知道你愿不愿意？”她不假思索地回“好啊”，我说：“这需要你的帮忙喔！”

我请小薇扮演自己的母亲，再邀请一位同学扮演自己，小薇找了坐在隔壁、对她很友善的小陈。

一开始，我请小陈熨裙子，这时小薇从屋外进来，看到正在专心熨裙子的女儿说：“去去去，你出去运动，我来帮你熨裙子。”经不起母亲一再的敦促，小陈换上球鞋到附近公园跑步。

我请小薇学母亲熨裙子的样子。这时电话响了，小薇立刻去接，讲了一两分钟的话，裙子焦了……我问扮演母亲的小薇：“裙子熨坏了，你的心情如何？”她说：“我很紧张，很害怕，怕女儿骂我。”

就在这时候，女儿从外面回来，接下来的场景就如小薇所描述的，女儿大发雷霆，不断咆哮，甚至破口大骂：“你怎么把我的裙子熨坏了，你的脑袋瓜到底有没有问题……”劈哩啪啦，表演得有声有色，不论肢体、语言、表情、声音……配合举起手打人的动作，都非常逼真。

这时候，扮演妈妈的小薇当场哭了。

我问她为什么哭，她说：“我觉得妈妈好委屈，她只是不小心把裙子熨坏了……我理解了，我完全忽略妈妈的感受……”

此时，我让小薇回到自己的位置，请另一位同学扮演熨裙子的母亲。

我说："小薇，现在面对妈妈，你最想跟她说什么？"

她说："妈妈，熨坏就算了，没关系……"哽咽得完全说不下去。

我问小薇："有这体会，回去之后你会对妈妈做些什么？"

她说："我不要等到回家，待会下课我就打电话跟妈妈说'对不起'。"语气坚定，恨不得马上就下课。

这么短的时间内，我能提供小薇的协助极其有限，思想可以欺骗自己，但身体不会说谎，它忠实地贮存我们的经历和情感。所以课程结束后我特别建议她，生病还是要看医生，遵从指示吃药，用药物维持身体的平衡。"我知道你想改变生活，不过不会那么快，需要一段过程，未来的路仍辛苦，但我相信一切都会好转。"

一张椅子的沟通之一——母与女

我每次到一个团体上课，进入主题之前，都会请每个人简单自我介绍、是什么原因让她（他）想参加课程，以及谈谈自己的困扰、希望学到什么……学员的问题五花八门，但半数直指"人际关系"，大部分都说生命中的重要他人，例如伴侣、孩子或父母不了解自己。

我听完后，请大家做个体验练习，两人一组，一个人站在椅子上，另一人坐在地上，尽量挨着椅子，“两人对视，不管发生什么都不要说话……”几分钟后，互换位置。

练习结束后，我请大家分享自己的感想。

其中一位女学员书乔举手发言。她自认为家庭工作都很顺利，没什么需要改变的，直到她认识一位优秀的女性友人来上课，她觉得也许需要自我提升，就跟着报名上课。

后来她发现自己的问题是和孩子沟通不畅通，总是希望孩子按照她的想法去做，如果孩子不依她就发脾气，并强制要求孩子执行，最终闹得双方都不开心。

就在前一天，她还为了要求女儿把早餐吃完再去上学，两人又大吵一架，女儿甩门而出，她留在沙发上痛哭流涕。

她说，这个练习结束后，她开始头疼，情绪一直失控，我鼓励她试着说出来。

书乔说：一开始她选择站在椅子上，不知道我要他们做什么，也不知道会发生什么事，内心算平静但有所期待。当同组的朋友坐下去的一瞬间，“我脸红耳热，心跳加速，但还能努力控制，并且忍住……可是当同组朋友的眼睛和我对视时，我完全失控，因为那一刹那我感觉她就是我的孩子，自己平时对孩子说话就是这样居高临下的态度！我看到她仰望我的眼神，那么的委屈，那么的无助，那么的无奈！我一刻也不想在凳子上站着，我要下来！我要拉她起来！我不要这样对话！”虽然时间只有三分钟，书乔感觉好像过了一个世纪之久，直到她从椅子上下来，和同组朋友平视，情绪才稍微平复。

“几分钟后，我们交换位置，我坐在地毯上仰望她时，脖子很酸，很累，感觉她那么的遥不可及，我相信我孩子心里一定也这样想，‘你高高在上倒是舒服，有没有体会下面我的感受？’是呀，现实生活中，我的孩子就是在感受这样的折磨，平时我和孩子沟通都是用尽各种方法，威胁逼迫利诱让孩子按照我的要求和计划进行，我是多么可恶的一个妈妈……我真的有考虑过孩子的感受吗？没有！总觉得我所做的都是为了孩子好，她以后会明白并感谢我所做的一切。可是我错了，我终于知道我该怎么做了，我一定要和孩子平等地交流，再也不要居高临下！”

“一张椅子的沟通”是我上课常使用的一个工具，我发现虽然只是一张椅子，但每个学员的体会和感觉都不一样。

一张椅子的沟通之二——夫与妻

另一个印象深刻的是小龚。

我记得她坐在离我最近的一张凳子上，上课前教室放着《漂洋过海来看你》。我一开始没注意到她，但看她听歌时情感融入在歌曲里，闭目流泪，我就多看她几眼。轮到她讲话时，她说：“我和所有人都处不好，非常痛苦，抱怨爸爸、老公、孩子……”小龚形容自己冷漠、敏感、易怒、难以靠近……与周围的人格格不入，甚至画地为牢，在自己与外界之间竖起一道墙……我听了她的话，转身对学员说："有和爸爸关系处不好的，有和老公关系处不好的，有和孩子关系处不好的，还真少有和所有人关系都处不好的，你看来'失败得很成功'。"她无奈地笑了。

小龚说自己薪水不高，上成长课的费用几乎花掉了半年的工资。当初她不知道心理学是什么，感觉很深奥离她很遥远，所以错过好多次的学习机会，直到发现自己问题很严重才终于决定参加，而学费是先跟姐姐借的。

我问："你承不承认自己是一个怨妇？"她被我这一问，愣住了，即使她内心无法接受，但却点头说承认，感觉她在逃避些什么，我不知道，但我尊重和允许她躲进自己安全的堡垒，我看出她情绪很不稳，就此打住。

接下来在两人一组的椅子体验中，小龚一开始觉得挺好玩的，但随后有一股莫名的愤怒，犹如胸口有一团烈火在燃烧，想抓狂大叫，又不知道要说些什么。在分享体验时她说自己好奇且迷茫，为什么会有这种体验。

我问："生活中你常常会爬上凳子吗？会不会生一些莫名奇妙的气？"她想了一下猛点头。常生气是因为老公和孩子不按她的意愿做事，而家人感觉她的气生得莫名其妙，结果全家都在生气。

第一阶段的课为期四天。第三天上课时，小龚说，第一天椅子体验后，她晚上拉肚子，大腿冰凉，小腿麻木，辗转反侧，难以入眠。

我直截了当地说："原本你是一个活死人，现在身体有反应说明你活过来了。"

我让小龚把凳子搬出来，放在中央，站上去，用"命令"的口气指着两个分别扮演她孩子和丈夫的学员。但小龚怎么也说不出口，我不断地鼓励她照做，"没事，你就命令他们过来，生活中你不是做得很好吗？"小龚犹豫再三伸出手指着一个女孩说："你，过来做我的女儿！"但对方无动于衷。再过一会儿，小龚又以同样的方式叫她的"老公"，对方依旧没反应。那一刻，她体会到孤独无助。

她崩溃了，不停地流汗，压抑着内心的情绪、咬着嘴唇哭不出声音，虽然我不停地说："深呼吸，放声哭，没关系。"她依旧没能大声哭出来。

我问："你还想站在上面吗？"她犹豫了，那一刻她有点不想下来，但又渴望下来。我懂她的心情，"没事，我陪你站着。"她才颤抖摇晃地从凳子上下来。

站在地上，她有一种踏实的感觉，只是小腿有点麻。

我问她："如果他们（角色扮演的学员）不愿做你的孩子和老公怎么办？"小龚说："那就再换一组人。"我换一种方式，请她改用"邀请"的方式，她依旧有些害怕，时不时地颤抖，每当颤抖时我都让她深呼吸。然后她走到一个学员的跟前，弯腰与她平视并真诚地说：“你可以做我的女儿吗？”这位学员的眼睛湿润了，站起身，我看得出小龚的喜悦和感动，接着小龚说：“我可以抱抱你吗？”下一秒她们紧紧拥抱在一起。

选“老公”时，她用同样的方式邀请到了“老公”，不禁喜形于色。我问她想和老公说些什么的时候，却发现小龚无法和他对视，刚刚喜悦的心突然一落千丈，还没开口，眼泪如断线的珠子滚落，然后艰难地抬起头看着他伤心地说：“我不喜欢你，我真的不喜欢你。”说完失声痛哭。

“你不喜欢他的原因是什么？”我问。

“他是妈妈帮我决定的，我没有选择，可是我真的不喜欢他。”

“你不喜欢他是因为他是妈妈决定的，而不是因为他不够好，是吗？”

“嗯，是的。”

“你和你的老公说过吗？”

“没有。”

“那你告诉他吧！”

小龚看着扮演老公的学员说：“我不喜欢你，不是因为你不够好，而是因为你是妈妈决定的。”当她说完后感觉到前所未有的轻松，可是与此同时，我也看出她的抱歉。

接着我要她说出老公的三项优点。她说：“我常买很多书，但是他从没说过我；对孩子所有的事情都是我说了算；就算我不停地参加一些他并不理解的课程，甚至是借钱上课，他也没有任何怨言。”

我问：“你有没有想过，这个男人这么包容和支持你，背后的原因是什么？”

她又愣住了，显然没想过。我们沉默几分钟后，她对“老公”说：“我可以抱抱你吗？”他们拥抱在一起。我故意调侃道：“不喜欢人家还抱那么久！”

小龚起身看着“老公”说：“我真的很想和你好好地过日子，可是我不知道如何是好，所以想离开。”说完她转身想走。

我说：“你要把话说明白，刚说想好好过，现在又要走，你走的原因是不知道如何相处吗？”小龚说“是”，我说：“我教你怎么做！”

我面带娇羞的笑，满眼爱意地看着对方，跟对方撒娇，靠近对方，惹得大家哈哈大笑。小龚看了我的“表演”感到很为难，因为她学不会，也做不出来，“好多人说我缺少女人味儿，我想应该就是吧！我看着怎么自己像有病……”

我说：“是病，是一种需要关心和呵护的病。”小龚难为情地对我说：“那我对着你做好了。”我马上拒绝，“你想出轨吗？我又不是你老公！”

最终小龚没做出那个动作。我只好让她用自己的方式表达。她看着眼前的“老公”，再一次热泪眼眶，是一种久违的内疚和呐喊。小龚说：“你可以抱抱我吗？”他们再次拥抱在一起，她感受到从没有的温暖。

当小龚再次和“老公”面对面时，我说：“问问你的老公，和他在一起你需要做些什么？”当她问完，扮演“老公”的学员说：“你什么都不用做，做你自己就好，你的上进心是我没有的，我很欣赏。”瞬间，直达心底的喜悦，让小龚笑逐颜开，那一刻小龚的表情是幸福的。

课程结束后没多久，小龚写了一篇长文，谈上课心得。

她觉得从“知道”到“做到”，把课堂所学实践在生活中，还有好长一段路。就像上完课，她还是会爬凳子，因为那是她熟悉和保护自己的模式，但不同的是能表达自己的观点，说明白发脾气的原因，“当我能体谅他，我发现老公也像个孩子似的，会喋喋不休地说好多；记得一次在一条经常走的路上开车，我们聊天聊得开过了路口。”

她举例，当她不再要求他，而是换一种说法，反而更容易被他接纳。像老公经常在外面吃饭，以前小龚会说：“既然外面的饭那么好吃，天天在外面吃吧！”现在则改口：“如果没有什么特别重要的事情，希望你能回家吃饭，因为也只有晚上吃饭可以聚在一起说说话。”当老公选择在外面吃，她不会像以前那样发脾气质问他，夫妻间有了更多的接纳和允许。

或者她有时仍像以前那样，但不同的是，事情过后会道歉。她说有一次两人吵架，她感到内疚就去超市买了老公喜欢吃的水果，“对不起，我为刚才的吵架道歉，我只是没有安全感，没有自信。其实看到吵架时你不说话，我心里也很难受。”说完有种想哭的冲动，就背转过身去拿水果了，这时她老公接过水果说：“这挨骂也值了。”

“现在我才体验到老师当初所说的，夫妻的互动就像跳双人舞，得一进一退，一左一右才能搭配；当其中一人的舞步改变，另一人也会调整。我想我和老公的双人舞才刚刚开始，也许很多时候不在节拍上，也许会跳错、慢半拍，最起码我已经开始翩翩起舞。”

对孩子，还是会有一些要求，也在摸索彼此的界限，但当孩子说一些在校所学的内容或者功课进步时，她会衷心地称赞；此外她还是会不由自主地要求孩子要做什么、玩什么、几点睡……不过彼此都在尝试寻找舒服的相处模式。

最后小龚说：“参加完老师的课我有了新的认知，就是认命。很多事情没有对错，只是那是当下最好的选择。我选择妥协，转身去尝试新的生活。”

站上对方的位置，迎来更多空间

不过，有些事情无法选择，例如“性向”。

我的学生中，有些人已经成为心理咨询师。某日我接到一通求助电话，“我遇到一个棘手的问题……”

原来有个从偏乡来的妈妈，带着二十五岁的女儿和女儿的朋友，三人一起到他的咨询室，要求他，“请你快把我的女儿‘改’好，拜托了。”这位妈妈一直强调：“我希望女儿幸福快乐，但她必须‘改’过来。”

“‘改’什么？”

“我发觉我女儿像男的……”

女儿说：“我已经尽力了，但我改不掉，我就是喜欢女生。”同行的那个朋友就是女儿的女朋友。

学生打电话给我：“我对‘同性恋’不了解，我查了很多文献，该怎么处理比较好？他们明天还会再来，而且先生也要一起来。”看得出他很焦虑。

我问这位学生：“你能符合她妈妈的希望，把她女儿‘改’好吗？如果能，那也太神奇了。”而且妈妈还把女儿的女友一起带到咨询室，我觉得对他们都很不尊重。

我不是说妈妈错了，但我觉得她用“爱”的理由，希望女儿符合她想要她成为的样子，这点值得商榷。

如果你问我咨询目标，我的答案只有一个，希望来咨询的每一个人都能健健康康地理解他们所面对的事件。可不可能改？改了会怎样？如果改不掉会怎样？女儿的快乐，妈妈能替她决定吗？

“我如果是你，我会先问妈妈这件事——如果你女儿‘改’不掉，你还爱她吗？你要孩子健康幸福，还是要孩子满足你的想法？”

至于女儿，我会问：“你是为了对抗妈妈而不愿意改，还是你真的发现自己改不了？如果改不了，你是没有选择的；如果不愿意改，是什么原因不愿意改，是你爱上的这个人刚好跟你同性别吗？”

原本我的学生觉得女儿很可怜，想支持女儿，以女儿的角度咨询，掌控全局。但我觉得不妨试着也考虑妈妈的立场，因为妈妈也很可怜。你想想看，在一个小乡镇，妈妈的确会紧张女儿喜欢同性，自责自己没把孩子教好，怀疑是自己的问题，“妈妈也在跟你求救耶！”

听了我的话，我的学生愿意换一种方式，做全盘的考量。我建议他站在“人”的立场协助个案，试着让他们“换位思考”，让女儿站在妈妈的角度思考，妈妈站在女儿的角度思考，看能不能找到最大公约数，给彼此自由和尊重。

如果女儿能理解妈妈在农村环境承载来自家庭和外在的压力，即使自己的同志身份不能改变，也许可以把伤害降到最低，不要硬碰硬，例如不需要手牵手带女朋友回家；如果是遗传和激素影响的同性恋，那就不是她自己的决定，却要面对大家希望她去过不是她想要的日子；当一群女生都喜欢男生而她却喜欢女生时，这需要经过多少掩饰躲避，这过程要历经多少辛苦，她一定比一般人接受了更多的挑战，面对了更残酷的考验，这是多么不公平的对待，“这样的孩子，你怎么可以不爱她呢？”

我们身处的社会都以多数人约定俗成的准则为准则，让多数人决定少数人的生命，那其实是多数暴力。

如果他们愿意互相站在对方的角度思考，就有更多空间，容纳更多元的结果。

婆媳也可以和乐融融

愿意站在对方位置思考，不是一件容易的事。

我曾在一场活动中，与几个学员轻松地谈论“婆媳问题”。

她们都发现跟婆婆在生活习惯和观念上有很多差异，而婆媳关系或多或少影响自己跟先生还有整个家庭的关系，甚至下个结论，“处理好和婆婆的关系，家庭就和睦安定；处理不好，最后可能跟老公分道扬镳。”

其中一位学员捷雅分享了一则故事，就发生在她和先生刚买新房不久。

捷雅的先生把婆婆请到家里住一晚，婆婆踏进新家，四处走走看看，随口说了一句话：“哎呀，怎么这么乱啊！”捷雅一听，火气就冒出来，顶了一句：“哪里乱了？我觉得还挺好的啊！”她们婆媳关系一直不错，婆婆疼爱媳妇，媳妇也尊敬婆婆，大家相敬如宾，所以当她回嘴时，婆婆吓了一跳，但婆婆是个不错的长辈，听出媳妇的不悦，就没再多说了。

有趣的在后面，隔了一个礼拜后，捷雅请爸爸妈妈来看新房，她爸爸说了一句和婆婆类似的话，“这客厅怎么这么小啊？哎呀，怎么没整理呢，乱乱的。”她竟然没生气。

谈到这儿，捷雅也为自己的反应愣住了。

我问她：“为什么你爸爸说的话你能接纳，但婆婆说的话你却马上反弹？”

她一时之间回答不出来，但她的确觉察到自己不同的反应。她回：“以后婆婆说我不好的时候，我会尽量压抑，不发脾气……”

我说：“你听过‘相由心生’吧？你把情绪压着，因为这负面情绪是由心里表达出来的，你脸上尽管摆笑脸，恐怕比哭还难看。”

我说：“要不要试着‘换位思考’，站在婆婆的立场，当儿子媳妇刚买新房，随口说这样的一句话，会令人反弹吗？”

其他人听了感觉还好耶！

另一位即将踏入婚姻的学员婚后确定跟公婆住，面对未来四个人的生活，她感到紧张跟恐慌。聊天时提出一个问题，“怎么协调四个人想要的生活？”

我咨询时遇到过不少这一类与公婆同住的问题，举个例子说，媳妇对生活质量的要求较高，处处希望有“好的”标准，可婆婆来自乡下，却又“可以就好”，这中间自然会有落差。如果可以心平气和地关心彼此，尊重彼此的差异，协调到彼此虽不同却可接受的程度，成为共同的约定，家人就可以和谐相处。当然这需要冒险。譬如，媳妇要一百分的状态，但婆婆觉得五十就可以，这中间有一个落差，这时可以心平气和地关心彼此，什么原因要五十，什么原因要一百，协调到彼此都能接受的程度；如果最后协调出七十五，这便成为双方共同的决定，就要尊重这决定，为这决定负责任。

这时李玟说："以我个人为例，我先生对于他父母提出的要求，往往不会拒绝，他会先答应，然后再回来跟我商量。如果他的决定我也认可，那好；如果跟我的意愿相违背，我就会想，为什么你不跟我先商量就决定了呢？他觉得他可以代表我们两个人的意思，就直接做决定，往往最后的结果就是我们两个人吵架。"

不管是夫妻或亲子关系，我们常常忽略对方的想法，用过去的经验替别人做决定，或者在压力下不敢直接表达自己的想法或感受时，就用吵架或者跑得远远的方式处理。我们之所以没有办法把心里的感受表达出来，都是因为害怕。我怕身为儿媳的我说了婆婆，让别人觉得我不孝顺；害怕跟先生说了，先生觉得我不爱他。这起源于我们内心最真实的渴求，我们希望被爱、被尊重、被接纳，可是同时，我们忽略了别人也需要被爱、被尊重、被接纳。

我们都是一样的，在没有自觉的时候会希望对方改变就好，但改变别人是不可能的，唯一能知道的是，那是过去他累积的习性和模式。我们常常在选择，如果我们能换位思考，试着站在对方的立场上了解是什么原因，而不是问"为什么"，因为“为什么”就把问题封死了，是什么原因让婆婆老是这样，如果是怕儿子离开她，觉得媳妇抢了她的儿子，那么怎样可以让她安心，我们要设定一个空间尊重她，同时又有自己的空间，这不是一个人能做到的，需要夫妻共同努力，共同付出，经历一些困难，才能一步步改变。

另一个学员小童也加入话题。她的婆婆是个不拘小节的人，有一年夏天到他们家，她觉得睡在地上比较凉快，就拿了一个枕头睡在客厅的地板上。小童的卫生习惯跟她不一样，就说：“妈妈，地板脏。”但婆婆觉得地板很干净啊！婆媳的问题来了。

小童：“说实话，我有点不舒服，我觉得她的卫生习惯不太好。”

我：“那你希望你婆婆怎样？”

小童：“我当然希望她的生活习惯跟我一样，但是我认为这不太可能。”

我：“‘希望她的生活习惯跟我一样’这代表你就是对的吗？是好的吗？”

小童：“可能我比较爱干净一点。”

我：“不是，我问你的是，当婆婆的卫生习惯跟你一样时，代表你是比较健康的？还是你的是对的？”

小童：“我肯定觉得自己是对的。”

我：“‘对的’意思是什么？被肯定，被认同，你这想法需要被婆婆认同，也希望婆婆能接纳你这个想法，是这样吗？”

小童：“我肯定会希望啊！如果婆婆能接纳这些想法，就代表跟婆婆之间有一份爱的连结，也表示我们是有感情的。”

我：“你希望用这种方式传递你们之间的爱？”

小童：“我希望她的生活质量能够更好。我想每个人都会希望自己一说什么，对方马上就接受了。”

我：“这个就伤脑筋了。万一婆婆不能改变呢？”

小童：“如果她拒绝改变的话，我会尝试去说服她。”

我：“这就回到了还是要她改变。除此之外呢？能不能尊重她，就像你希望婆婆爱你，尊重并接纳你一样？”

这两个作媳妇的虽然不跟婆婆住在一起，却存在一般的“婆媳问题”。我觉得，如果媳妇可以换位思考，换到“婆婆”的位置上，尊重婆婆的习惯，接纳婆婆，上述这些问题就会简单多了。

与自己相遇

那年夏天，我应某机构邀请，为一个关心教育的团体上成长课，这些成员超过半数是年轻老师，此外还有大学教授和一群从事教育工作的朋友。

他们虽然为人师表，为学生授业解惑，但也有许多困扰着自己、不知如何解套的事情。追根究底，可能是来自各自成长的生活经验。

很多父母常对孩子说："我都是为你好。"却在不知不觉中给孩子造成许多伤害，不是给得少，就是给太多。

成长过程，有些人不敢表达自己的情感，不敢要，不敢冒险，一直生活在别人的阴影里，希望因此得到别人的赞许。有的相反，在少子化的现代社会，他们是家里的独生子女，很多家长为了家族有后，几乎是上两代人都在"溺爱"一个孩子，他们要什么有什么，拥有得理所当然，一旦没要到自己想要的东西，反而怨天尤人，生气抱怨……这次课程的重点就在协助他们"与自己相遇"，找到自己。

生平第一次，和自己相处

小耿是位年轻的女老师，母女俩都在同一所学校任教。我在与小耿的互动中发现一个现象，她举手提问时常常一句话还没说完就哭哭啼啼，看得出她不快乐；跟她对话时，她常恍神，听而不闻，视而不见。表面上，她似乎在听你说话，但人不在当下，自顾自地活在自己的世界。她希望我可以帮她处理她的困惑。

我跟她谈事情，她说得断断续续，都是琐碎的片段。

她成长过程中发生很多事，总而言之，她的理解总是跟妈妈说的不一样。她心情不好，委屈而哭泣时，妈妈就骂："哪来那么多眼泪？”妈妈不希望她哭，小耿只好笑；所以小耿从小学会听从母亲，以至于不会真实地表达自己的情感；类似的例子重复出现在她的童年岁月，致使心理产生混淆，不知道哪个才是真实的自己，或者她不知道什么才是事实。

我请她找出一个同学扮演自己，另找一人扮演她的母亲。

我请小耿和“母亲”面对面站着，扮演者就在小耿的身旁。我问小耿，小时候有没有看过母亲独自啜泣，或是类似的事情，她回答说有一次，母亲在洗碗的时候，好像在哭，因为她看到妈妈眼角的泪水。她问妈妈怎么了，妈妈回头告诉她：“我很好，没事的。”幼小的她觉得奇怪，不知道什么才是真的？这时候，我递给她一卷卫生纸，请她把扮演者的眼睛用纸给蒙起来。我问角色扮演的朋友，当眼睛被蒙住时候的感觉，她回答：“我害怕，因为看不到。”我回头问小耿：“这种感觉熟悉吗？”小耿说，她常有这种感觉。

小耿把在教室里听到同学说别人的坏话告诉妈妈，妈妈斥责她，“小孩子不要乱说，同学说的都是假的。”她产生困惑，“到底谁讲的才是真话？”好像妈妈讲的永远都对，她听到的都错；渐渐地她不知道该听谁的。这时我请她转身蒙住扮演者的耳朵。

当角色扮演者的眼睛和耳朵都被蒙住的时候，小耿开始哭泣。

母亲扮演者却说：“这有什么好害怕的，你要勇敢。”这时候小耿停止了哭泣，转变成轻声地啜泣。

我问小耿："你是不是很多时候有情绪想表达却不被允许？"她说："是。"我再请她用卫生纸把扮演者的胸口绑起来。她从腰部开始往上缠，角色扮演的同学感觉胸口堵住，很不舒服。我转身问小耿本人："你有没有这种感觉？"她说："对，我常胸闷，有话说不出来；我也常躲在自己的世界，不想看，也听不到别人说的话，觉得这样比较安全，因为妈妈也不允许我到处去找朋友玩，不许给别人添麻烦。"

我问小耿："你是不是不敢迈开脚步去冒险？"她说："是。"凡事得要十拿九稳的才会去做，不然会躲在家里。说到这里，我请她把扮演者的脚绑起来。"既然躲在自己的世界很安全，那就继续躲着不要看，不要听外面的声音，你觉得这样好不好？"她哭得伤心地说："我不要，因为很不舒服。"

小耿有姐姐，很多时候姐姐的衣服都留给她穿，当妹妹的她很纳闷，为什么姐姐永远穿新衣而自己永远穿旧的。曾经她也要过，可惜总不如她所愿，久而久之，她也就不再要了。我再一次请小耿绑住扮演者的双手。当小耿看到扮演者全身被捆绑起来的时候，反而怔怔地望着，说不出一句话。

我对小耿说："这就是你。这些年，一路走来，乖巧的你，不知不觉地把自己捆绑成为今天的样子。"

当小耿扮演者全身被捆绑时，感觉胸口被堵住般，头晕目眩得快站不住了。

我问小耿本人："这种感觉熟悉吗？"她看着被自己捆绑起来有点儿像木乃伊的扮演者说："有，扮演者所呈现的感觉，我绝大部分有，所以我常觉得自己很虚。"

我问小耿："这是你要的生活吗？如果你不要，你能做什么？"她没答话。我再问："如果可以让你松绑身体的一部分，你会松绑哪里？"她回："我想松绑自己的'手'。"我再问："问问你的内在想松绑什么？"扮演者说："我想松绑'眼睛'。"这里呈现小耿本人和扮演者的想法分歧。

我问扮演者："为什么想松绑眼睛？"她说："我什么都看不到，非常害怕。"我问小耿："为什么想松绑手？"她像开窍似地说："松绑手之后，其他的地方就可以解开啦！"

我就笑了。小耿问我笑什么？"你看，你的外在和内心两个世界正在打架。"她愣了一下。

我说："理性上你想把自己的手松开，可内心却想睁开眼睛看清楚看明白，我不知道这对你来说是不是真实？"

这一说，小耿就哭了："我的确是这样。"因为她常靠知识学问决定事情，而不是听从内心的声音。我说既然这样，你们打个架，好好聊一聊吧！我让小耿和扮演者讨论一下到底先松开哪里最好。

后来她们的结论是听从内心的声音，先把眼睛拨开，当蒙着的眼睛被解开后，扮演者说："天啊，我从来没有这么清楚地看周遭的事物，每个人看起来都好善良……"

我问小耿同不同意扮演者的说法，她同意，这时她不需要母亲告诉她对或错，一切都由自己眼睛看到的来决定，这的确也跟扮演者的感觉一样。

接着，扮演者一步一步解开身上所有的捆绑。其实每一个松绑的步骤都有意义，都代表内在的反映，例如松绑手后她手舞足蹈，表示以后可以为自己争取；松开脚后她觉得比较踏实，表示以后可以自由走动；松开耳朵，她甚至可以听到自己的心跳；最后松开的是胸口，意味着情感可以自由地表白，顿时轻松自在……

小耿同感，她可以听、可以说、可以做、可以想、可以感觉……想做什么就做什么，她得到自由，非常开心。

我告诉小耿："这么多年来你不曾跟自己好好相处。你尝试看看，怎样的方式才是适合你的生活方式，角色扮演是你的内心自我，寻找一种扮演者可以接受而你也可以接受的方式，你是心的主宰，带着你的心不离不弃……"她们到另一角落相处聊天，花一段时间体会身心结合。我问小耿的感觉，她说："通体舒畅。"

最后我让小耿面对自己的扮演者做个承诺，从此会带着自己的心走在人生的道路，并以成人之姿跟母亲交流。

循着身体线索，听内心感受

小耿的故事激起徐老师的勇气，她很内向，说话的声音很小，我开玩笑说，小到只有蚂蚁才听得见。我特地站到她跟前，听她从头说起。

徐老师有两个弟弟，爸妈不睦，经常争吵；父亲在外急公好义，形象不错，回到家却粗暴至极，动不动就对家人拳打脚踢。她举例，有一次她端碗盘不慎掉在地上，爸爸一个巴掌就挥过来；某日她跟弟弟坐同张椅子，小孩玩心重，一不小心把弟弟挤到地上，弟弟哭了，她也挨巴掌，骂她不够资格当姐姐。尤其，亲眼目睹这一幕的妈妈并没有伸出援手，有时反而落井下石。徐老师在家得不到温暖，急于出嫁，在同事的介绍下与现任先生相恋，不到半年就结婚。不过当徐老师组成家庭后，竟发现她的家跟原生家庭一样；她跟先生的感情也不好，夫妻的情绪都转嫁到孩子身上，儿子常挨先生的揍，就像当年爸爸对她一样；更不可思议的是，她竟然也没伸出援手，就像当年妈妈袖手旁观，这使徐老师一直处于焦虑不安中，“请问，我为什么会这样？我该怎么办？”

我听出对她影响最大的是小时候父母亲跟她的相处，所以我请一位学员扮演她的父亲，另一个学员扮演她的母亲。

当现场出现父亲指着她骂时，站在一旁的母亲不但未加阻止还加油添醋，“活该，你就是欠骂。”由于当时呈现的是小时候的概况，所以我让徐老师蹲在地上，当她听到父母亲的对话时，突然歇斯底里，头也不敢抬起来。我则蹲在旁边陪她，“想哭就哭出来，不要压着……”她一直啜泣，我问她是什么感觉，“害怕。”“除了害怕还有什么吗？”她说：“委屈。”我说：“你就直接把心里的害怕和委屈说出来，不需要看任何人的眼光……”她说：“生气。”我问：“你生谁的气？”她说：“生爸爸和妈妈的气。”我鼓励她把积压在内心的感觉都说出来，“你就当着他们的面说‘我生气、我害怕、我觉得委屈，我生你们的气……’。”徐老师的声音，一开始气若游丝，接着愈说愈大声，最后震耳欲聋，教室的每个角落都听得到，当她完完全全把自己的情感表达出来时，她感觉整个人都轻松了。

我说：“你现在站起来抬起头，你想看谁？”她答：“父亲。”

但她蹲太久，一时之间还不敢站起来。我说，那些都是过去式，“你现在几岁？”她答：“四十。”我说：“四十岁已经是大人了。”她停顿了一会儿，终于站了起来。

当她站起来视线与父亲交会，以成人的眼光看父亲，把过去不敢说的话说出来、不敢表达的情感表达出来时，“咦，我怎么没那么怕了？我怎么不觉得委屈和生气了？”她看到不一样的父亲，不是小时候的父亲，“怎么会这样？”

其实小时候孩子看大人都很高大，就如她蹲在地上仰望大人的感觉，特别在父母亲颇具威严的年代。但是当她站起来时已经长大，父亲不再那么巨大，彼此的距离也拉近；相较之下，与父母的关系比较平等。这好比我们小时候看士兵是大人，但长大后看当兵的都是小孩，因为“视野”不同了。

于是我建议她：“直接告诉父亲，我不再怕你了。”她照着说。

我问她现在用新的角度看父亲，有什么感觉？她发现自己没那么生气，而且看到父亲的可爱和热情，竟有点儿心疼。我再问：“你现在最想做什么？”她说：“我从来没有抱过他。”我指着扮演者说：“他虽然不是你真实的父亲，不过你可以在这里体验一下跟父亲连结的感觉。”于是徐老师抱着扮演父亲的学员痛哭，“我期盼这一天很久了。”她这一拥抱，既温暖又踏实，感动全部学员。“这是美好的体验。”我说：“你可以把这体验带回家，但不要把你爸吓到了，要慢慢来，在家里先创造好的氛围，循序渐进。”

我也问她有没有什么要跟“妈妈”说的，她问：“当年我挨打你还落井下石，我对你有怨，想知道为什么会这样？”

扮演妈妈角色的人说：“你可以做得更好，但你却故意硬碰硬……”这是很有趣的现象，我问：“这有可能是你母亲说的话吗？”她虽然不想承认，但的确是这样。

关于她都穿姐姐旧衣的疑惑，“妈妈”回答：“那是因为经济不允许，很多家庭都很节俭，我们并不是不爱你。”

至于对待自己的儿子，她发现自己的个性和脾气竟然跟母亲一样，不过经过这次体验，她愿意稍作调整，严而不厉，不再那么暴躁，尝试控制自己的情绪。

最后她发现自己其实是个热情的人，不过今后会先把热情拿来面对家人，行有余力再对待别人。

最后我问："你仍然焦虑吗？"她说不焦虑了，大概知道该做什么了。

第二天徐老师愉快地走进来上课。

我当然知道不可能上一次成长课就万事无忧，一定需要经过一段过程、一点波折和一些时间才有显著的效果，但能够透过身体体会内心的感受，这经验难能可贵。

要太多，是对自己苛刻了

陈教授的例子比较特别，她没跟亲生父母住一起，却多了一个家庭的爱。

爱会嫌多吗？有些人从来没有，想伸手要，有些人自以为是王子、公主，家人什么都给。我让陈教授找回原来属于自己的"本分"，有些不该拿却拿到的，需要感恩，没拿到的不去责怪——这是我初步理解陈教授之前说的话。

陈教授一开口就直言，目前她罹患乳腺癌且心情不佳，"我得不到家里的爱，需要做心理治疗。"

就医学研究的角度看，癌症有可能是基因突变；但就心理因素而言，压抑的情绪也容易致癌。我跟她初步交谈发现，她对生活有很多不满，这应该是主要的压力来源。

陈教授有一个哥哥，当然也有爸爸妈妈，但她长大后才发现爸妈不是亲生父母，而且现在的爸爸是招赘进来的。听她的叙述，这个家庭的关系是：外公外婆都喜欢她但不喜欢爸爸、妈妈对哥哥好但对爸爸不好、爸爸对哥哥不好且父子常起冲突；家里的每个成员都对她很好，尤其是在家被孤立的爸爸非常疼爱她，只有哥哥对她不好。

家中有一对夫妇常来做客，陈教授叫他们“姨丈”“姨妈”，姨丈在陈教授心目中是个懦弱的男人，她不喜欢；姨妈会问她过得好不好，但她比较像隔壁大婶，没有特别的感觉。

陈教授长大后，好事的邻居偷偷告诉她：“姨丈和姨妈才是你的亲生父母……”她听了非常震惊，与他们渐行渐远，即使念完博士学位，目前在一所大学担任教授，仍不谅解且不跟他们来往，学生时期的毕业典礼更不让他们出席。

我不知道陈教授进入这个家庭的原因，她的亲生父母应该有苦衷，至于她有没有问出究竟，这细节我尊重并不过问。

大她七岁的哥哥结婚后，嫂嫂可能受哥哥影响，对爸爸也不好，致使爸爸在这家族继续被孤立；尽管如此，爸爸始终对陈教授很好，这一点没变。

没多久第三代出生了，家人的注意力全在新生儿身上，连爸爸也特别疼爱孙子，对陈教授的关爱逐渐减少；妈妈的重心仍在哥哥身上，对媳妇也很好，婆媳互动不错，但哥哥依旧对她不好，她与嫂嫂也没有互动，陈教授觉得自己被孤立，心情非常低落。

外公外婆还在的年代，家里维持着基本的和谐，当他们陆续过世，家里起了微妙的变化。她发现妈妈因为瞧不起爸爸，常吵架；一向挺她的爸爸变得更弱势，再加上侄子出生剥夺了长辈对她的爱，陈教授感觉一下子失去太多，变得很不开心，心生怨恨，想逃家……这是她来上成长课的初衷。

我首先让她体会站在外公外婆面前像个公主似被呵护的感觉；由于同辈的只有哥哥，我让他们两个做比较。

我说："你想想看，你是人家抱养过来的，哥哥是家里唯一的儿子，你有外公外婆还有爸爸对你好，妈妈其实没有对你不好，而且爸爸还常常跟哥哥吵，你觉得谁比较幸福？"在场的学员七嘴八舌，都认为陈教授比较幸福，"谁像你有这种待遇，抱来的还当公主？难道你希望大人都对你哥哥不好吗？"

陈教授低头不语。

"哥哥长你七岁，你来到这个家庭之后抢走这么多人对他的疼爱，他怎么可能对你好？而且他是家里唯一的儿子，以前有一只鸡腿是哥哥吃，你来了变成你吃，我觉得哥哥对你的嫉妒或生气都是有原因的。"

我有感而发："你只看到不足，所以看到愈来愈少的部分，不会心存感激。他们从小栽培你，供你读到博士，让你在家里当大小姐，还抱怨什么？况且姨妈和姨丈都会回去看你，如果亲生父母不关心你，可能常回去看你吗？"

我让她分别跟饰演外公、外婆、爸爸、妈妈的学员说话，问陈教授从他们身上得到什么、学到什么。她缓缓道出了他们善良、爱心、体贴、温柔……当说出这些特质时，她发现这些优点自己也有，原来她在这个家庭拥有这么多的爱，当下非常感动，并感激他们的给予，也承诺把这些爱放在自己身上，好好接受癌症治疗。

她当下的体验使身体变得很有能量，但隔天却说："我不相信这能持续多久！"没错，因为她希望上完课有奇迹出现，心情立刻变好，我说："如果你相信并体验这转变在你身上产生的能量，可以释放你身上的怨恨，天天去感谢自己所拥有的，你的心情一定会愈来愈好。如果你要太多，你永远不会满足，这我就没办法了。"

要太多，永远也没有满足的一天。

学习"只"跟自己在一起

一个还不到三十岁的律师，在课堂上倾诉了自己的苦恼。她厌倦现在的工作，虽然这曾经是她理想中的职业，然而历经一番波折，已经失去原有的意义，对于接下来到底该做什么她不甚了解，"我不知何去何从。请问我该'如何找到生活的目标和人生的意义'？"

自古有"三十而立，四十不惑"的说法。大意是人在三十岁时就应该确定自己的人生目标与发展方向，如此一来，到四十岁就没有什么需要顾虑和疑惑的了。在我看来，三十而立的“立”是指内在的自立，对自己做事的态度坚定而且有自信；从而立到不惑，我认为是人生最好的光阴。

一个人在三十岁以前是用加法生活的，就是不断地从这个世界收集自己所需要的东西，比如经验、财富、情感、荣誉等等；但物质的东西愈多，人愈容易迷惑。四十岁以后，就要开始学着用减法生活了，舍弃那些不是你心灵真正需要的东西。

我们的内心就像一栋新房子，刚搬进去时，买很多家具，会花心思装潢和布置；时间久了，这个家塞满了，反而没有地方放自己。所谓“减法”就是舍掉不想交的朋友、拒绝不想做的事情、不想赚的钱、多余的物质；当你知道如何舍弃且敢于舍弃，才真正接近“不惑”的状态。

回到年轻律师身上。到达而立之年时，身心开始进入另一个阶段，会出现莫名的不安，总觉得生活还缺少什么，仅有外在的东西，例如房子、车子等，远远不够，然而，一旦开始思考自己真正的需要和喜好时，却卡住了，一时间无所适从。怎么办呢？

我回答她“让时间决定”，这答案让她很不满意。

所谓的“目标”有两种，一个是外在的生活目标，一个是内在的精神目标。无论做什么事，这两个目标都是并行的。例如，原来你的外在目标可能是赚两百万，而你的内在目标其实是安全感和愉悦感。以前你以外在目标为指针行动，以为如果赚到了两百万你就安全且愉悦了；但我见过很多人赚了两千万、两亿，更多的金钱反而使自己陷入更大的不安和苦恼里。当然，也可能像这个女孩一样，找到自己梦寐以求的职业，却失去了意义。

所谓的“意义”会随时间而变，倒不如把每一天都过好。有人会想昨天哪些事没做好，想着将来应该做什么，而忘了把当下的事做好；当你把当下的角色做好，享受其中的乐趣，这过程自然会决定你的价值。

“还有，你得回过头问自己，所谓的‘意义’是什么？变得富裕还是快乐？如果有钱才有意义，可选择有钱的工作，但极有可能这工作并不会让你快乐。”

例如孔子弟子颜回，“一箪食，一瓢饮”，他是爱读书的人，穷得要命，喝一杯水却很快乐；他饮食简单，安贫乐道。又如梵高，一生作画，作品却卖不出去，你觉得他的生活没有意义吗？他一定认为有意义，因为他沉浸其中，可以做自己想做的事，虽然一生穷困潦倒……所以“意义”很难有个标准是放诸四海皆准的。

如果你此时此刻缺钱，我却告诉你画画会很快乐，你认同吗？

意义因人因时而定。

为什么我说由时间决定，因为随着日子一天天的过去，你会在这过程中，慢慢地发觉有些是你真的想要的。

如何让时间来决定？外在生活里，不要急着做任何决定，而是从现在起，学会多跟自己在一起。“过去三十年里，你一直向外追寻物质上的满足，内心却被忽视了。”其实心一直在那里，它一直在给我们各种信号，告诉你什么才是你真正所爱的，什么样的目标才是符合你个人的选择，只是你因种种原因没听到。此时出现的苦恼就是在提醒你，你该往内看了，感受自己最真实的情绪，倾听你内心的呼声，不要让自己被外界的标准和评判干扰。即使一百个人都对你说，你应该如何，但是你的心是不愉悦、不踏实的，那么就要坚持心的选择。

去感受一下自己的心吧，当你愈来愈听得懂心里的声音，你自然而然就会知道接下来要做什么了。

说了这么多，换个直白的说法就是“活在当下”，做当下你想做的事。如果从现在开始，你试着从内在目标出发去做事情，你会发现，能够让你觉得满足和愉悦的事情不只有赚两百万这一件；和小孩子相处的一个下午、帮助了一个路人、全心全意地投入写作并写好一篇文章、做一项具体的工作……都可能带来同样的效果。我相信，当你的工作在你心目中有意义，就有价值。

“你不妨思考，什么事情让你感觉最好，就把心力投入到这件事，顺着好的感觉行动，另一番美妙的天地自然会在合适的时间向你铺展开来，也许这才是你真正想要的生活。”

接纳自己的每一面

我发现很多人陷入焦虑不安或自我否定时，常会忘掉自己身上拥有的“财富（优势）”。

有位老师籍贯山西，大家都称他“小晋”。小晋说：“我来上课的原因是因为没有自信，我的内心十分脆弱，但我想从外表‘撑’出最好的一面，希望自己在学生眼中是个坚强的人。”

小晋在家里备受呵护，爸爸、妈妈、爷爷、奶奶都以他为生活重心。然而一走出家门，他却发现自己与其他老师格格不入。言谈中，他埋怨妈妈的唠叨、瞧不起爸爸的懦弱、讨厌爷爷的残忍、不喜欢奶奶的心胸狭窄……

就研究上来说，当你能说出家人的优、缺点时，表示你也拥有这些特质。换言之，他们的优点，你有；缺点，你也有；不管你喜欢或不喜欢，你都有，那些都是你身上的一部分。我们本来就是多面的，有讨好的一面、有指责的一面、理智的一面、分歧的一面、也有一致性的一面；如果我们没办法接纳自己的不同方面，就变成分裂。所以萨提亚女士说，人生就像好多的洞（hole），若尝试用绳子把所有的洞围起来，在前面加一个W，就变成完整（whole）的了。

接下来，我试着帮助小晋找到他身上拥有却被忽略的优点，让这些优点成为丰富他生命的资源。

我：“首先我们来谈谈妈妈。她的个性中，哪一点是你最喜欢的？”

小晋：“善良，她会主动关心别人。”

我：“你也像妈妈这样善良，并且会主动关心别人吗？”

小晋："嗯。"

我："妈妈有什么个性是你最不喜欢的？"

小晋："唠叨。因为她要做很多家事，每天从早忙到晚，所以一直唠叨。我觉得那么多的唠叨根本无济于事，因为她只会嘴巴讲，实际上并不能为自己争取或做点什么。"

我："你也会这样吗，嘴巴不停抱怨，但也没为自己做些什么？"

小晋停顿几秒："……我不愿意承认，但好像是。"（干笑）

我："你爸爸呢，个性如何？你喜欢、不喜欢他哪一点？"

小晋："爸爸个性懦弱，家里有问题都不敢出声，让妈妈饱受委屈。但他很温和，不会发脾气，我没听他大声说过话。"

我："你在学校会不会也像爸爸一样，个性温和不会对学生乱发脾气，但遇到问题也不敢出声？"

小晋愣了一下："好像是喔，学生家长都说我很好欺负。"

我："谈谈你爷爷。他有什么缺点？"

小晋："他暴躁顽固，而且残忍。"

我："你一定觉得'残忍'不好。但当你遇到最在意的事，例如别人让你的孩子处于危险时，我相信你的残忍就会出现在对方身上。"

小晋："没错，如果敢动我孩子一根毫毛，我的确会。"

我：“爷爷有什么优点？”

小晋：“他正直豪爽、聪明幽默。”

我：“所以你身上也有正直与幽默吗？”

小晋：“嗯。”

我：“谈谈你奶奶。她有什么优点？”

小晋：“任何事都自己来，从不麻烦别人。”

我：“你是不是遇到问题都试着自己解决，不去麻烦别人？”

小晋：“对，这点我跟奶奶很像。”

我：“谈谈奶奶的缺点呢？”

小晋：“奶奶就是市井小民，不是什么高尚人士。”

我：“你嫌奶奶不够高尚，她就是个在市井中长大的姑娘嘛，（众人笑）对吧？我不觉得那有什么不好，那是她的文化，但从你的口气，听起来那跟‘狭隘’有些关联。”

小晋：“对，她固执且心胸狭小。”

我：“你的个性是否也如此？”

小晋：“唉！我有，但我不怎么想面对自己这块……”

我：“有什么不可以，这就是你身上的一部分嘛！虽然看似缺点，但也可以转为优点啊！例如，你跟奶奶一样固执但‘择善固执’；又如，你虽然对别人心胸狭小，但对爱的人宽容大度……”

小晋点头：“奶奶也很自私……”

我："自私未必是缺点，该自私的时候当然要自私；一个人如果不懂得自私地照顾自己，那就没有能力照顾好别人；一个人如果不懂得自私地让自己吃饱，还能给别人温饱吗？只要自私不是为了利益去伤害别人，你值得自私地照顾自己，你认同吗？"

小晋呼一口气："嗯。"

我："或许你可以允许自己从不同的方面看事情，不要什么都要求完美，因为世上没有完美。"

我与小晋的交谈，让他看到家里每个成员的特质，而他也发现这些特质自己身上都有：他善良、温和、正直幽默、不麻烦别人……同时他也唠叨、懦弱、小气……其实每个优点可能也是缺点，每个缺点也可能是优点。

"譬如你很善良，善良让大家喜欢你、接近你、跟你借钱，让别人认为你是好人，对你有所肯定；但因为善良，朋友提出的要求你都答应，朋友起争执你会两肋插刀；如果你过度善良，可能累了病了花了不少钱财……你会发现，你对别人善良却是对自己不善良。

"至于'小气'可能让你变得斤斤计较，让别人不喜欢你……"但因为小气，有些不该花的钱不会花，还可能因此积累了一些财富，未必是坏事，"你会发现，每个你喜欢的特质虽然都有一些获益，但也付出一些代价；每个你不喜欢的特质虽然付出一些代价，但也都有一些获益。"

我们每人身上的特质都代表自己所拥有的“财产”，如果把这些特质用“股票”比喻，当我们把个性的优点发挥到最大、缺点降到最小，获利就会愈来愈大了。

你会成为“亿万富翁”还是“一贫如洗”？

就看你如何“投资”了。

跟过去道别

很多父母常对孩子说“我都是为你好”，却在不知不觉中，对孩子造成许多伤害。

虽然过去发生的事不会改变，但可能影响未来。曾经的那些话那些事，存在我们的身体里，随着年龄增长，如影随形地影响我们，陪伴我们走入学校、工作、婚姻，甚至一生。

如果有机会让我们回到当时的情境，把当年没说出的感受和想法表达出来，不管角色扮演的人是谁，讲出来的内容有可能是当年未曾表达的，这有助于释放过去的阴影，走出创伤，迎接新的未来。

她，那年三十五公斤

那段时间我在上海，顺便到南京做了一场演讲。那是一天的工作坊，介绍夫妻间的互动对孩子言传身教的影响，谭欣是当天的一位学员。

她是个服装设计师，有个儿子，外表看起来精明干练，年过半百，风韵犹存，在外历经人生动荡之后回到故乡。课后她找我聊了一会儿，当下决定上我接下来的八天成长课程。

谭欣学过一些心理学，在八天的课结束时，她认为我的教学把很多理论学派结合在一起，感觉受用。她语重心长地说："也许老师可以帮我的忙。"几个月后，我在其他城市开高阶工作坊时，她飞来参加，我们再度重逢。

"有没有你最想学习的？"谭欣欲言又止，感觉她有很多不为人知的秘密。第三天下课后她来找我，那表情似乎打算敞开心扉，"老师，有些话想跟您说……"我刚好有空，而其他同学也离开了，她就说了。

"我身高一米六，你一定不相信，我在大一时体重曾掉到三十五公斤，持续七年，居然没死掉，真是不可思议。我记不起当时是怎么活过来的，直到婚后老公发现我的问题……"我听到这儿也觉得不可思议。

那些年，谭欣不接纳自己，不过她很幸运地遇到一位好老公。先生把她捧成掌上明珠，花半年时间陪她矫正饮食习惯，慢慢恢复健康。她说，十年的婚姻生活是她人生最美好的时光；不管她做什么，先生的回应都语出赞美："你都不知道自己有多好，你像珍珠，晶莹剔透，而我有慧眼。"

我听到这里，心里默默地赞叹，"哇，有夫若此，人生何求！”然而好景不常，这段黄金期只维持十年。由于先生对她实在太好了，他过世后，谭欣顿失依靠。

“老公去世后的前两年，我陷入沮丧和恐惧中，像具行尸走肉，整个人干瘪得不成样子，不但不像女人，连活人都称不上。我心里很空虚，想找人填补失去先生的爱，开始经历各种不同的人生，我想追逐或追回那段如梦幻般的爱情，但屡遭挫败……”她继续说。

她遇过有妇之夫，骗她是单身，落得被原配找上门而结束关系；遇到富二代，丧偶带儿的身份被他家人嫌弃；也交往过小自己十岁的男生，明明被劈腿，还答应一起开公司，结果人财两空……她觉得自我价值很低，回头去纠缠少女时代心仪的男生，逼问对方当年有没有喜欢过自己，希望从对方肯定的答案得到安慰，结果，又陷入一阵纠葛。

“我一度很遗憾，先生对我好的时候我却没能力对他好。他走以后，我曾在心里说，‘你给我十年幸福，我还你十年忠诚。’我不能让自己活得好，否则就背叛了他。实际上我却忍不住寂寞，所以心理非常挣扎。”理性上，她深觉得先生如此宠爱她，她应该为他守贞，可是身体和情感上却未必把持得住。她与男人在一起，虽说是因为事业的连结，表面上谈合作，但更多的原因是想借此找回需要的情感。这些私密在她心里埋藏得很深，平时不敢去碰触，有时候突然想起，会莫名流泪。

经过惨烈的情伤，她学习心理学，想从中得到支持，但仍不甚清晰。“最近我才意识到，我过世的先生一定不希望我像现在这样糟蹋自己。我想好好活着，但找不到出路，恳请老师拉我一把。”

听完后，我反馈我的感想：“你是一朵玫瑰，而他像一坨牛粪；虽是粪，却带着所有的营养，滋养你成为一朵绽放的鲜花。”她听了笑了。

我真正的意思是：虽然你很美丽，但若没有牛粪，你什么都不是。果然牛粪没了，你也枯萎，变成人造花，随意乱插，永远展现不出丰硕的生命。现在累了、辛苦了、觉察了，就别再把希望寄托在别人身上，拿回来，看看你可以为自己做些什么。

许多事都有一体两面，“爱”的另一面是伤害，爱之足以害之。以她先生为例，这么一个爱她的先生某种程度也剥夺了她学习照顾自己的能力与机会，任何所谓的完美都会付出一些代价；一旦先生离去，等于拿走她的所有，所以她几乎失去所有功能，连怎么爱自己都不会，只能寻寻觅觅，跌跌撞撞；这是谭欣享受幸福背后所付出的辛苦。

高阶课程的目的，是希望在经历一些基本的修炼后，还愿意进一步为自己的生命负责。我征得她的同意，把她的故事跟全班同学说明，同时要求谭欣：“你要做出承诺，我才帮你。”她眼眶含着泪珠，笑着点头：“老师，我答应你，如果我走出这个‘槛’，我会好好地活着。”

“我不敢保证，也不知道会把你带到哪里，但会在课堂上尽力保护你，你所有不想说的话、不想提的人，我都不会勉强，完全尊重你的状态。但是过程里难免有些信息会跑出来，你能不能接得住？”她说：“应该可以。”我说：“过去的事，我知道你做过整理，我们不要困在过去，我们的重点在于改变，就从现在开始往前走。在这过程但愿能出现曙光，让你找到前行的资源与力量，回到生活中。”她说好。

谭欣的先生说她像“珍珠”，这点我同意。孕育珍珠的蚌为了生存会吸取水中的浮游生物，浮游生物经由潮汐冲进来，也将沙子带进来；蚌吃掉能吃的生物，同时也忍受很多微粒的刺激，虽然不能消化掉那些沙子，但它用分泌物包裹住那些沙子，慢慢地一层一层包裹才成为珍珠，“你的外在像珍珠一样光鲜亮丽，但内在存有很多冲击与伤痛，你的成长跟珍珠的养成是相似的，只是当时因为悲痛而忽略了。”经我这么一说，她点头表示同意。

“假设你就是珍珠仙女，下了凡间遇到一些事情，我们来看看这些凡间事，你是怎么经历，你又学习到什么、付出什么代价？”她说好。

我问：“自从先生过世之后，不论你经历了多少生活历练，请你挑出几个对你生命有影响或有冲击的人，不管是用12345，或者ABCDE，我们用代号来表示。”她决定用数字，并挑选五个同学扮演。

“但是有个人我不让你挑，这代号叫0，”我拿个垫子丢在地上，“这就是0，我们从0开始。”我心里有个“预想”，她如果要成为一个成熟独立的个体，一定得跟完全支持并对她百般呵护的先生分离才行，所以预设“0”是先生，我本来是想来一段爱的告别式。没想到演示进行时，0在她眼里竟然是妈妈。我非常讶异，现场顿时回到小时候的场景。

那时候的妈妈不太约束她，大陆的说法叫“放养”，在一个范围内所有的事情都由你作主，你可以做任何的选择。从这角度看，她是一个非常受到尊重的孩子。不过如同前面说的，很多事情都有一体两面，虽然妈妈给她自由的空间，但当她遇到困难需要支持时，却因为父亲重病，妈妈没有多余的能力帮助她。年幼的她，没有玩伴，也没有玩具。谭欣得不到需要的协助，症状反映在身体，才用三十五公斤的体重呐喊，向外求助。不过她所呈现的坚强，成了存活的力量。

关于妈妈，谭欣只谈到这里为止，我侧重在经历，没往下深究，因为我希望在短短的一两个小时，帮她找到正向的源水，协助她走向未来。

我说：“这一段过程，不管当时有多苦，至少这样的环境相对的让你非常坚韧，虽然面对很多困难和痛苦，却像是珍珠的养成，把你磨练成一颗璀璨的明珠；如今可以面对这么多困难也是那时候培育出来的。”我这么说，她眼角湿润地点头同意。

我邀请她准备向前去面对过往的一些生命经历。我说，从现在开始我们往前走，“让我们看看这些凡间事，你是怎么经历的、你学习到什么、付出什么代价，或许在未知的将来，再次遇到难题，有能力做出不同的选择。”她说好。

我揶揄自己充当老道士：“珍珠仙子来，老道带你下凡去咯！”

仙女下凡走到编号1时，能量正足，面对着角色扮演的学员说：“在本仙女看来，你是小菜一碟。”我问：“你学习到什么？”她说：“当我碰到这个人时，虽然遇到一些困难和冲击，但我学习如何‘珍视’自己，从此不会自暴自弃。”原来这个人带给她一些伤痛，曾经让她不知道怎么面对。现在她在那段经验里学习到遇到事情不是去吵架、对抗、逃避，因为“自己”是自我重建的基石，之后的转变都从这里开始。

我问她：“当你收了第一个“妖”之后有什么感觉？”她说：“多了一份能量在身上，整个人变得更踏实稳定。”我开玩笑说：“原来仙女下凡遇到第一个小妖这么容易就解决了？既然你有这样的慧眼学会珍视自己，这妖将为你所用，成为你所拥有的一份资源。”她随手一招晃了一下，“随本仙子来！”编号1号很配合地尾随在后。

接着我带着她踏上凡尘的第二步。编号2的学员脖子上刚好戴着一条项链，链子上有一个大大的亮亮的“眼睛”造型的坠子，她一看那坠子整个人像被透视，有被刺的感觉，难怪她说："跟她交手的过程我学会睁开眼睛，环顾四周所有的危险，好或坏，一眼就抓得住，看得清，我学到用'锐利'的眼光看身边的种种。第二妖照样'收'服，带在我身上。"她招手的俏皮动作增添不少欢乐的气氛，在场的人都开心地笑，她也笑了；她带着第一妖和第二妖共同面对往后的生活。

碰到第三个时，她叹了一口气说："唉，经历第三个我才知道面对'真实'是这么的难。"生命中有一些我们以为过得去的事，但真正面对才发现，有时连面对自己的能力都没有，因为不够真实，很多事情就不能真实地回应到自己身上，也因为不够真实，所付出的代价远远超过预期，甚至失掉更多，"我遇到他之后才慢慢学会真实面对自己。第三个人让我的生命变得真实，感觉破茧而出，有了蜕变。"

遇到编号4，她说："我重重摔了一跤，但再坏也不过如此，不会再坏了，我在他身上能摔的都摔遍了，这体验让自己不破不立，没啥好在意的，反而是很大的感恩。"她说前面遇到的三个人可以收来当法宝，遇到这个人只能当作生命中的一种经验，随时提醒自己。

最后，当我们一起走向编号5时，感觉到她的情绪波澜起伏，泪水像一串珍珠不停地落下。她说："这是情，情关难过……"然后哭得更伤心，"他是我喜欢很久的男人，当先生离开之后我想弥补失落的感情，不过他有家室，"讲到这儿，谭欣整个情绪失控。我给了她一些时间，陪着她，一直到她慢慢地平息。她深深地叹息，缓缓地吸口气，坚定地对他说："我承认我是爱你的，但我知道这不可能，我在心里的某一个地方，永远为你留一个位置，这位置并不是等你来，而是'我爱你'，谢谢你过去对我的陪伴和照顾……"进行到这儿，他们都泪流满面。

我们花了很长时间在这一段，爱不是对或错，而是最真诚的情感。她分离的主因是对方有家室，其实内心早有定见，"虽然痛，但我愿意永远放在心里，并且道别。"当她意识到这份情可能伤到另一份情时，停下来思考另做考量，对于她做的选择，我完全尊重，也为她开心。所以我的做法是——请她留住这份情，慎重地跟5号道别。

编号5的角色扮演者一直表现出想要"拥抱"的动作，我上前阻止，"不行，只能握手。"我担心一个搅动，她会功亏一篑。

谭欣离开5号，现场邀请编号1到4围绕在她身边，她一一承认过去的这些经历，也承诺运用这些经历的学习，有一个新的认知及功能，在未来帮助自己，认真地活出自己。

到这里，谭欣的故事逐渐走进尾声。

也许大家发现了，从编号1到4她没有讲述具体的故事，只说了自己在事件中的感受。其实，要个案在大家面前展开自己的生命故事并不容易，有人甚至感到羞愧。对我来说，1到4对她造成什么影响，只要她不愿意说我都不会问，这是保护个案的一个做法，主要是让她清楚这过程中自己的经历；她不需要告诉他人，尤其团体课更需要尊重个人隐私，凡是个案不愿意透露，或者想一语带过的，都必须被尊重。

在短短的时间里，针对过去几年积累的问题作一次性的疗愈并不可能，所以我聚焦在对她有所帮助的议题，推她向前迈进。谭欣在先生仍在世时，曾有一段愉悦顺畅的生活，先生离开后，每一步都走得很辛苦；在这辛苦的岔道中，我想让她看到不只有失去，同时也学到很多她忽略或不曾觉知的重要资源。

编号5很清楚是已有家室的男人。情爱有时候是暧昧的，有时候我们理性上会告诉自己不该介入别人的家庭，但感性上知道离开会很痛苦，而且身体控制不住，彼此纠缠很久。

挣扎是人性的必然，是真实的，或许有感人的部分，但那也是痛的，所以她说："我知道不可能跟你在一起，但我承认我是爱你的，同时我会永远在心里为你留一个位置。"留一个位置并不代表那个人随时可以走进来，而是坦承过去的这段爱，"但现在我要过自己的日子了。"

这种交错混乱的纠结，不会是上一次成长课就能解决的，那种痛随时都可能回来，重要的是知道这个学习可以让自己有不一样的选择；至少谭欣明确地朝"分开"的方向走，并不意味着一定成功，也许某个时候累了或是遇到挫折，处于寂寞、低落、困难、压力、疲惫之下，还是会回头找他，或者是他又撩拨她，所有的可能都会发生；但最起码谭欣体会到自己可以在觉知下选择，也知道自己该负起的责任。

我相信从任何人生经历中都能有所学习，只是有时候我们太快乐，耽溺在享受中，忽略自己付出的代价；或者有些时候我们太痛了，掉进痛苦的深渊，忽略了这段过程带给自己的学习。我保证任何经历都有意义，只是我们没有觉察出来而已。

再次经历过往后的谭欣，脸上绽放着光彩，整个人明亮、踏实有力。

这个变化也可以从谭欣的穿着略窥端倪。她前几天都穿黑色系衣服，后一天穿红花色系列。我问她为什么，她说："我也不知道。"但我知道，那是内心"悟"的过程，颜色由心情挑选，就是"相由心生"的意思。

"人"的本身为一个"系统"，你的想法、情感、作为、心态……都与整个系统互有关连，在这个系统里让他们体会，而我只是引导者、陪伴者的角色而已。

谭欣的课已经结束，我为她的转变感到高兴，为她的生命在这么短的时间有如此的变化而感动，但我不会因此认为她往后一切都没事。上山学剑，要下山才能见真章。这个经历之后，她的人生课题正要开始呢！

伤害，都是不小心造成的

我一进门，他就上前问："呷霸未（吃饭没）？"我一听忍不住就笑了。原来他到过台湾，学了几句台语，凡在大陆遇到台湾人，都用这句简单的问候语，多半赢得不错的回应。我笑他是“一招半式打天下”。

他给我的第一印象是亲切。不过后来发现，在这班上，除了我，他跟其他人都处不好。他会瞧不起某些人，容易跟别人起摩擦，动不动就想“挑”人一把，测试别人的能耐，但又想和别人靠近……“什么原因导致你变成这样？”他说：“我不知道。”

他年约四十，长得很胖，我就叫他“胖胖”。

胖胖未婚，大学毕业后曾去澳洲、美国、东南亚……生活漂泊，后来回到北京，在心理咨询公司工作。他的问题源于小时候大人的语言伤害，那些伤害大到让他快崩溃的地步。通常，“当痛苦大于辛苦，才会想要改变。”胖胖意识到自己和人相处的困难，不改变不行，“我想自救”，也许做心灵成长的工作可以帮助自己，于是努力学习考取证件，我和他才有机会相遇。

原来他两三岁时，父母出国，他从小跟爷爷奶奶姑姑一起住。姑姑对他很好，胖胖一直以为她就是所谓的“妈妈”。

直到某一天，大人带他去接机，机场大门一开，出现一对有模有样的夫妇，爷爷指着男的说：“这是‘爸爸’，”指着女的说：“这是‘妈妈’，”胖胖愣住了，叫不出口，奶奶说：“过去抱抱……”他感觉很怪，始终无法张开双手迎向他们。

离开机场返家的路上，他没跟爷爷奶奶姑姑一起，而是跟爸爸、妈妈及一位不认识的大人同一部车；此外，还有其他黑色大部头的车尾随在后，返国阵容，浩浩荡荡。他后来才知道，父母从事特殊工作，至于性质则忽略不提。

爸妈回来一个多月后，又出国。这时变成外婆和外公到家里接他一起送机，这意味着胖胖将离开从小到大熟悉的家，住到另一个陌生的环境，但大人没给任何理由。

胖胖原本以为自己没有父母，后来父母回来了，但很快又走了，这心情既纠结又复杂。同学们的父母都待在家里，他的父母说来就来，说走就走。他趁大人们忙着道别时，径自躲了起来，所有的人都紧张地到处找他。

胖胖年纪小，胆子也不大，不敢离家太远，只躲在附近的一棵树下，那棵树躲不了人，很快就被找到了。

送走爸妈，到了外公外婆家，年幼的他居然在大人之间挑拨离间；他常告诉外婆，外公做了什么，让两老吵架，而他乐得在一旁自鸣得意。

他的故事说到这儿，我打岔："为什么你会这样？"

胖胖说了一段他念幼儿园时住在外公外婆家的事。

那年他大约六岁。某日，睡过午觉，外公带他去公园玩，外婆叮咛爷孙俩："别玩得太晚，五点就该回家吃饭喔！"胖胖利落地回："好。"

到了公园，外公看到一张石桌围着一群人，凑过去，原来有两个老人家正在下棋。他们聚精会神，一语不发，时而眉头深锁时而眼神专注，看起来是高手。外公看得出神，干脆坐下来，胖胖则到别处玩。

时间慢慢地过去，胖胖看到凉亭上的时钟指着5，跑去找外公，“要回家了，不然外婆会骂我们。”但外公沉浸在棋局里，还不肯走，他很焦虑，执意拉外公的手离开，这时外公大发雷霆，提高声调怒斥，“你吵什么吵，去去去，你怎么这么烦！”大家都抬起头看到了这一幕，胖胖难过得掉眼泪，无地自容。

棋局结束，已过六点。回到家，外婆忍不住对胖胖开骂，“不是叫你们五点回来吗？现在都几点了？”他想解释却不敢说，但心里觉得委屈……这件事在他心里留下了阴影。

此后，每当外公带他出去玩，胖胖就犹豫，无法分辨外公是想离开外婆的视线还是真心想带他出门，他对大人的爱产生质疑与混淆。这心结一直纠缠着他，陪他一起长大。

这故事切开的每个画面都是寻常的生活场景，以一般人的角度看并不特别。大家都知道外婆不是骂他，外公骂他的那句话是看棋太入迷之故，但在大人随口斥责孩子的一瞬间，他们的心灵就受伤了。

胖胖念高中时，爸妈回来，这一次是结束工作，不再出国了。胖胖回到父母的家，但再也无法跟任何人亲近，对人也不再信任。

我觉得解开胖胖的问题，需要回到受创的原点。我做了一个演练，请胖胖扮演自己，找几个学员分别扮演他的外公、外婆，还有他的父母亲。时间拉回三十多年前，外公带他到公园的那个午后，由于胖胖当时年纪小，很多想法和心情都没有表达出来，我就让他回到被外公斥责的当下，说出他的困惑与委屈。

胖胖："出门时，我很开心，因为可以去公园玩；但时间到了我叫外公回家，没想到居然被骂，沿路我都很紧张很害怕，而且很委屈，因为我觉得自己没做错事。"

外公："我看得很入神，我只觉得你这样叫很烦，不晓得让你这么害怕，我没想到会让你这么难过，如果早知道我不会这样做。"

我问胖胖："你知道外公当时的想法，现在心里是什么感觉？"

胖胖："心情放松了。"

我问胖胖："这有可能是外公说的话吗？"

胖胖："有可能，因为外公平常很疼我，不曾这样训斥我。"

我们过去所受的压力常常成为自己的问题，对方根本不记得。胖胖听了外公的回应，如释重负。

通常大人的小事，都是小孩的大事。外婆也对胖胖说：

“当时骂的不是你，我是气你外公呀！”外公、外婆都觉得不可思议，这么一件小事，竟然对孩子造成如此深远的影响。

有趣的是，这导致后来胖胖发展出一种莫名的报复手法——打小报告，搬弄是非；当外婆外公吵架时，他很有成就感，这又变成他一路成长跟别人互动的模式。

我鼓励胖胖把小时候调皮捣蛋的事通通说出来。他坦承很多过去向外婆告状的事是假的或夸大其词时，外婆说：“我真的不怪你，我觉得你那么小就会捉弄大人还挺好玩的。”他也跟外公说：“当年你们吵架很多是我造成的，我不是有意害你，只是希望得到外婆更多的爱……”因为他把外公当竞争者，深怕他们感情好，外婆就不关心他了。从这里可以看出，小孩成长的心理变化有多么微妙。外公听了笑了几声，“你这小子，好贼啊！”

简短的回应，终于解开了胖胖多年来藏在心底的疑虑，也释放了多年压抑的情绪。

其次，是卸下父母回来后再度离开对胖胖造成不安的伤害。当胖胖谈到“我当时有一种被抛弃的恐惧”时，整个身体不由自主地缩了起来；长大后每每遇到压力，他不自觉地会回到过去，自问：“为什么他们不要我？是不是我不够好？”他觉得自己是漂泊的浮萍，对人也没有信任感。

我找两个学员扮演他的父母。

面对父母时，他说出了过去的困惑和不满；父母则说明因为工作有不得已的苦衷，由于胖胖年纪小并不了解，所以一直没向他说明。胖胖现在是成人，回顾过去爸妈的行为，的确是为了工作为了这个家，对于自己从小就居无定所也就释怀了。

由于胖胖也在咨询界，一年后我与他意外重逢。他说，现在可以跟同事一起外出用餐，跟父母的冲突也减少了。我跟他握握手，恭喜他，替他开心。

恨，汇聚了更多力量

她叫赵颖，离婚，女儿跟着她，她对孩子严苛，母女关系不好。赵颖工作能力强，是一家公司的高级主管。

她知道生命中有很多不可抗拒之事，知道自己有问题却不知道原因在哪里，为了得到更好的生活，她到处上课寻求答案。

我问赵颖："你最想要的是什么？"她说："一、希望跟孩子的关系变好；二、想修缮跟父亲的关系。"

她的爸爸是一家企业的负责人，高高在上，在家常打骂妈妈，每当父母争吵，哥哥离家，弟弟躲在角落里，这时的她就站在妈妈前面，挡住爸爸的拳头，不然就跪地哀求父亲不要对妈妈动粗。

我不知道什么原因爸爸要打妈妈，但哥哥和弟弟懂得躲开危险。她虽然对爸爸打妈妈感到恐惧，却不自觉地跳进去挺身保护妈妈。

爸爸扬起手打妈妈的这一幕深深烙印在赵颖脑海里，导致她长大不知道如何跟男人好好相处。她不相信男人，对男人心存恐惧，印象中两种男人的形象都来自家人，一种是不负责任的，像哥哥和弟弟；另一种是暴力的，像爸爸。赵颖结婚又离婚，虽然婚姻很短暂，可是她仍希望有伴侣，像多数女人一样有个陪伴与依靠的另一半，却又迟疑，不敢轻易相信婚姻；而她与父亲的关系若即若离，只是尽一个女儿该尽的义务而已。这才发现，她不但恨爸爸更怨妈妈。

父母沟通不良产生的压力原本应该由大人承担，阴影却深埋在小孩心里。

有时候孩子对家的忠诚和爱，反而使他们成为父母的父母。幼年的赵颖代替成年的妈妈抵挡暴力，逼自己承担那些根本不是她所能负荷的事；当下她虽恐惧父亲，却不得不挺身冲出来，因为软弱的妈妈无法招架父亲的暴力。

帮赵颖重新雕塑童年父母冲突的画面时，夹在父母之间的她，第一次对着妈妈嘶声力竭地吼："我还是一个小孩呀，你不但没有能力保护我，还要我来保护你，我很害怕，我很生气，我恨你……"她放声大哭，哭得歇斯底里……我就让她尽情发泄，把过去的委屈全都哭出来、说出来。她一直不停地诉说对母亲的怨恨，我顺手拿了一盒方形的抽取式面纸，让她紧握在手中。她紧紧地抱着，彷佛拥抱过去的伤痛和怨恨。

我问："你现在几岁？"

她说："四十。"

我问："你抱着伤痛这么多年，对你的好处是什么？"她想了好久，却说："没……没有，没什么好处。"我说："一定有好处，不然你不会把过去抱得这么紧！"

"你想想看，那个恨让你这么痛苦，你明明不喜欢却紧抓着不放，一定有意义。想一想，是什么？"她还是无法回答。

我继续问："当你紧抓住恨时，有什么感觉？"她说："感觉有一股力量在身体里……"说到这儿，她停顿了好一会儿，继续说："面对困难时，会怕自己没有能量，但当我抱着过去时反而有一股力量，因为有那些怨和恨，我才能好好做事，发愤图强，坚强地成为独立自主的女人……"说完一脸狐疑，那表情彷佛在问：咦，怎么会这样？

"那个恨让你变得有力量，是这样吗？"

她想了一下，感觉不太对劲，但说："对。"

我就笑了，"你会发现那个恨不仅是恨，那个恨也为你带来力量、希望、勇敢……"

她说："嗯，的确是这样。"

我问她："你说出这些话后身体是什么感觉？"她回："好像心里的一块石头放下，身体轻松了许多。"

我问："拿掉那个恨，可不可以？"

她点头说可以，但我知道不可能马上拿掉，因为那是多年的习惯，我说："当你准备好就可以把它放开。"

她手上还抓着刚才那包抽取式面纸，大概花了二十多分钟才把那包象征“恨”的面纸推开，“我知道这个东西陪伴你很久，已经成为你生命里的一部分，要你把它放开非常不容易，现在你觉得怎样？”

她说：“轻松不少，心情比较平静了。”

接着她急于走向扮演“妈妈”的学员，想要拥抱她。

我喊停，“现在还不是时候，或许你可以先让刚才的经验在身体里仔细体会一下，不要急着去做其他的事情。”

一会儿后，我说：“你转身看看那些充满恨的面纸，如果把那张纸抽掉，看看会发生什么？”她花了一点时间才抽出，丢了，但也哭了。

我问：“你看到了什么？”

她说：“我看到里面都是爱，那些恨掩盖了我父母曾经为我做过的事，我只看到恨没看到爱……”说到这儿她又哭了。

她说，她抱着这些“过去”就有正当的理由恨父亲怨母亲，有足够的借口把后来的婚姻问题、亲子问题都怪罪于父母不睦，这样一来，就不用去面对自己的问题。通常人们看不到“拥有的”，反而常放大“失去的”，他们忽略怨恨带来的好处，只是一味强化怨恨带来的坏处——赵颖的情况正是如此。

她这一次花了一段时间跟自己相处，随着时间慢慢地过去，等她安静下来，我问：“你现在最想跟谁说话？”

她说：“妈妈。”

这时赵颖语气平和地说："我曾经害怕过也恨过，但我也感受到你的爱……"她用另外一种方式向妈妈表白，而不是一味地指责和埋怨。

扮演"妈妈"的角色回应说："我从来没想过这些事情对你的影响，当时我的确没有能力对抗你爸爸的暴力，也不知道会对你造成伤害，我很难过，也感到抱歉，我不知道自己能做什么。"

我问她："这有没有可能是妈妈会说出的心里话？"

她说："我自己也当了妈妈，多少能够理解，这确实有可能，所以也不那么责怪过去的事了。"似乎她某种程度释放了堵塞在内在的情绪，让能量流通，如此才能用女人和女人的方式拥抱妈妈。

我进一步问："你仔细看妈妈，从她身上有看到什么是你喜欢的吗？"她说："有，例如坚忍、付出、善良……还有，妈妈的勤劳、挑剔、唠叨……"我说："这些特质你身上有吗？"赵颖破涕为笑，这时她才发现不论自己喜不喜欢，母亲身上的特质她都拥有。她理解妈妈，因为她也像妈妈。

挑剔，其实也意味着对事情要求高质量，做事细心，接下来就要看她如何能对自己细心，如何在某些事情上放自己一马，才不会对孩子严苛。

片刻后我问她有没有什么是想对父亲说的？她转身面对扮演"爸爸"的角色，迟疑了一阵子，终于开口说："过去我讨厌你，每次你打妈妈时，我是多么害怕，为什么你总是这么凶，我很生气，我恨你。现在我不再恨你，也不再怕你了。”至少她愿意放下恨，并用调整过的态度跟男人相处，而不是把所有的是非对错放在男人身上；所以当她看到父亲时，发现自己跟父亲比较靠近了一些。

撇开家暴，赵颖了解妈妈对孩子的爱，她相信父母与生俱来都是爱孩子的，只是父母对她的爱被家暴淹没了。父母跟孩子的互动中，十分之九是正常的，十分之一是暴力，但十分之一的暴力经常被放大，从而成为孩子成长中的主要记忆，影响自己的生活。

这说明了夫妻关系对孩子一生的影响。

一年后她来台湾，我们见了面。我问她跟父母和孩子的关系如何，她说“不错”，但觉得这两个字似乎不够精准，补了一句：“好很多。”

第3部分

陪伴

『人到、心到』其实就是『陪伴』。
哪怕不说一句话，或者安静地倾听，
只要是『真心陪伴』，就可以达到治疗的功效。

陪伴的力量

结构家庭治疗创始人萨尔瓦多 · 米纽钦，是家庭治疗的先驱，写了许多理论与技术等方面的经典书籍。

玛莉亚老师转述说，有一次在加利福尼亚州艾瑞克森（Milton Erickson）每五年一次的治疗大会上，米纽钦为“心理治疗”下了新的注解。他说：“这些年，我的治疗技术，有许多是从华特克（Carl Whitaker）、海利（Jay Haley）和萨提亚诸多同辈身上习得，更深地体会什么叫‘治疗’，‘人到、心到’就是治疗。”

什么叫“人到、心到”？其实就是“陪伴”而已，哪怕不说一句话，只是安静地倾听。只要是“真心陪伴”，就可以达到治疗的功效。

真心陪伴，足矣

很多人喜欢看咨询师到底做了什么，用什么方法让个案“起死回生”，但是这个案例我什么都没做。

记得是千禧年的秋天吧，我在重庆上完课，学生小玲来找我，“老师，我有一个好朋友，医生诊断是抑郁症，状况很严重，您可以去四川帮她做治疗吗？”特地到四川吗？我没有答应，因为个案的问题不是做一次咨询就会好的。“但是真的很紧急，她的状态真的很不好，你要救她，如果不救她，他们夫妻也快完了，他们的小孩才刚出生……”我告诉学生，我的下一个行程在广州，如果你的朋友愿意，倒希望她来上八天的课程。

两个礼拜后，小玲果真带好朋友出现。

我一眼看到她的朋友，感觉就像个傻傻的孩子，事实上，她已经是个孩子的妈了。上课时间到了，我请还站在外面的她进来，她不肯，小玲好说歹说才把她带进教室，没几分钟她就跳起来，张牙舞爪地说，“我不要……我要出去……我听不懂……我要出去……”我数次安抚，折腾一阵子，好不容易才让她坐下来，过一会儿她说：“我可不可以坐地上？我想坐小板凳……”

她叫依依，二十岁出头，爸爸在市场卖水果，妈妈在一家公司上班，父母亲的关系不好，没住在一起，但两人都疼她。

第三天，小玲没来，倒是依依的妈妈来了，她穿黑色的篷篷裙，带着一顶鲜艳的帽子，穿着打扮都很时髦，“我这女儿长期吃药，状况时好时坏，大部分时候就是你看到的失神模样，请老师多费心。”

依依前两天的状况都一样，“我现在要出去……我不上课……”我说，“好！你先跟小玲出去，好一点再回来。”但妈妈陪伴之后稍有改变，妈妈要求她，“听老师的话，乖乖坐下。”我走过去打圆场，“没关系，她要出去透透气就让她出去吧！这样也好。”

她从外面回来，扭动身体说：“我要坐地上……”我说：“好！”妈妈拉她起来，“坐在椅子上，怎么可以坐地上？”我说，“先随她吧！”

没多久，依依又有了动作，她起身说：“我要起来坐后面……”我说：“好！”这时妈妈也顺着我的话牵她到后面坐。

依依一直来来回回地走，已经干扰到其他同学，而我也终于忍不住了，“依依，如果你忍一下，坐下来听，也许会听到你想要的喔！”这时她停了几秒，感觉在思考我的建议，这次她做了改变，坐下来安静地听课，她母亲则用眼神向我道谢。

接下来我们的互动中，她一有动作都会先问我：“老师，我去上厕所再回来，好不好？”“可以出去喝水吗？”我的回答都是肯定句，“好、没问题、OK。”上课中我也会请她回应：“要不要试试看？”“你愿意接受老师的建议吗？”依依也都同意，说肯定句的次数也愈来愈多……在我允许、接纳、支持的过程中，她慢慢安静下来，终于在最后一天，跟其他同学一样在教室里上完一整天的课。

一个月后她来上第二阶段的课，我记得很清楚，她穿着艳丽的橘色短裙、十多厘米高的鞋子，松散的头发绕成麻花辫盘成发髻，装扮有点像空姐，更重要的是她上课不吵不闹，但也不是静默，她会提问，愿意跟我对话，偶尔出现一点调皮，甚至我讲的内容不如她意，她会生气……我问她过去一个月生活是否产生什么变化，她说没有，不过她的朋友都感觉她不一样了。

在课堂上，我想让她体验与人互动的重要性，还有沟通在人身上产生的影响，所以我在回答别人的问题时，会"偷渡"答案在她身上，回答跟她相关的事。表面上虽然讲给提问者听，但实际上是讲给依依听，而且留意她的反应。

依依周围的亲朋好友都很好奇，我到底做了什么让她有这么大的转变？其实我什么也没做，只是偶尔在语言上教育她，客气地问她愿不愿意？好不好？另外我发现她妈妈是强势的，便让依依学习如果不要就要跟妈妈说"不"，大概如此而已。

"老师，我改变很多，进步很多了。"经过五年之后，依依托当年主办成长课的单位捎来这句话，治愈的过程一定是来来回回的，不可能一眨眼或上一堂课就好。据我了解，她是逐渐好的，逐渐地减药，而在这过程中，她的家人始终陪在身边。

陪伴，最温和的解药

有一次上课，班上出现一个非常漂亮、仿若仙女般的女人——如意，年约三十，但实际年龄超过四十，已经是两个孩子的妈了。她上课总是侧坐、斜眼看人，感觉防卫心很重，看得出她对人的不信任。我问她来上课的目的，她说自己有抑郁症。

现今社会，很多人说自己有抑郁症。因为说起来太容易了，当有些事情没有按照自己的期待完成，难免会有失落或悲伤。当我们处于那个负面状态不去理会，导致它影响生活，此时去找医生，在情绪最不好的状态下填写检测量表，绝大多数不是中度也有轻度抑郁。不过，与其把这些负面情绪当抑郁症，倒不如说是“抑郁状态”，就是当时的状态符合抑郁症，如此而已。

我问如意她的抑郁症从何而来，她答：“生老公的气，他不理我。”

原来是先生早上起来运动时没理她，家里浴室很大，有两套卫浴设备、两套洗手台，一人一套。先生运动回来随意地用了她的洗手台，她就用手轻轻地碰他一下，推挤着正在漱口的他，“那是我跟他平常打情骂俏的一种方式，怎知他不知道哪根筋不对，竟然很不高兴，还吼我……”接下来两人仍一起吃早餐，她边吃边等先生道歉；但没有，先生吃完早餐就去上班了，而且晚上直接搬到楼下睡，隔天甚至留宿公司。“我很受伤，只有女人可以离家出走，哪有男人可以离家出走的？”

其实如意是跟先生撒娇，但先生觉得她无理取闹。这就是夫妻的日常，说起来是芝麻蒜皮的小事，可是由于没有得到期待中先生应有的回应，竟沮丧到每天一早没有力量起来，觉得先生不爱她，出现了抑郁状态。她的人格特质就是，开心时整个人活泼可爱，不开心时什么事都不做，我在课堂上开导她，她笑开，又好了。

畅销书《男人来自火星，女人来自金星》谈及，男人与女人是来自两个不同星球的人类。姑且不论我们相信与否，但对于爱的语言，男与女就是不同。

先生来接如意下课时遇到了我，他问："为什么女人总是爱撒娇？"我告诉他，"女人就是需要撒娇，需要有人陪伴。"先生听到愣了一下，似乎同意，接着叹口气道："唉，我太太很敏感，没什么事就生气，我都不晓得怎么处理……"我说："你不要逃，你愈逃她愈生气，你只要陪在旁边，听她讲话，可以的话，让她使点小性子，安慰她几句就好。"先生听了我的劝。四天的课上完，两夫妻和好了。

我什么也没做，夫妻间彼此陪伴的力量超出我们的预期。

拥抱，一泯千万怨

大马的例子，则绕了好大一圈，最后通过一家人的陪伴，才化解十几年的心结。

大马是北京一家企业管理顾问公司的总经理，身高一米七，显得人高马大，"大家都叫我'大马'，你们就这么叫吧！"她自我介绍时这么说。大马利用个人假期带着男友开三个多小时的车来上课。

她一开始倒不是有什么困扰需要解决，而是当成自我进修。大陆很多高级主管常会走出办公室，上一些“学习成长课程”，借此增广见闻，再把上课所学运用到工作中，或者就把它当工作之一；所以在课堂上她总是静静地听别人的故事，像个好学生。

在谈“家庭对人的影响”时，她的心弦似乎被触动了，尤其谈到父子、父女、母女之间的关系时，她听着听着就哭了，哭得很惨，歇斯底里的，两眼红肿，但是又怕影响其他同学，便弯腰低头离开会议室，躲回房间。我们上课的地点在一家饭店，每个学员都有自己的房间，上课则借用饭店的会议室。

从房间回来，她干脆坐在最后面的位置。接下来的课她游走于会议室和房间，尽管进进出出，但不发一言。

第二天她哭到半身发麻，无法到餐厅吃早餐，只好由男友把餐点端到房间给她；等身体状况好转，她才慢慢走回会议室，但戴着一副大大的太阳眼镜。见到我，则欠个身说：“不好意思。”可能觉得哭成这样很丢人吧！

第二阶段的课安排在一个月后，开课前，主办单位递来一封大马写给我的信。

大意是，上一次的课勾起她很多回忆，回忆让她感到疼痛。她虽然事业成功，但内心深处有一块阳光照不进去的角落。她听其他同学谈家庭问题，尽管吵吵闹闹，但都在一起；其中一学员轻描淡写地回忆与母亲爬山因大雨被困在山中亭子里，只因母女俩互相为伴，什么都不怕……那个叙述堆叠的画面令她向往。因为她从小就孤伶伶的，没有家人“陪伴”的经验，更不知道“陪伴”是什么滋味。

信中，大马提到妈妈偏心，只照顾弟弟，对她很不好；若不顺从妈妈的意，妈妈会打她，她几度逃跑，躲到别的村庄不敢回家。长大后，她借口念书“逃”到外地，毕业后选择在外地工作。如果这样的环境造就了她什么，那就是功课好，读了名校，找到好工作，收入不错。但没想到自己因工作带来的高待遇却成为母亲勒索的对象。

人是有情感的动物，虽然生气离家，但心却离不开。她渴望有家的温暖，渴望一家人欢乐时一起分享，痛苦时一起陪伴，但她的家不是这样。“这么多年来，表面上平静无波，但创伤并没有消失，它一直躲在我心里很深很深的角落，那纠结着的痛始终没有解开……”信好长，猜想她正处于“大混乱”的阶段，我期待大马来上第二阶段的课。

令我惊讶的是，再次见面，大马把亲朋好友还有工作伙伴一起带来了，总共七个人，上课的费用全由她支付，其中一个就是信里说的唯一的弟弟小马。小马是她生命中最亲也最怨的人。

过去，当小马在生活或是工作上遇到困难时，母亲总要大马帮他解决困难。在拗不过母亲的威胁利诱时，她总是心不甘情不愿地把事情善了，而小马却又若无其事，轻而易举地度过一个又一个的难关。

至于为什么带这么多人来，她自己说不清楚；但上完第一阶段的课，她决定要面对自己的生命。

由于我已经大致了解大马的状况，便引用“大禹治水，疏而不堵”的方式，建议她可以说说这些年来压在心里深处，不为人知的祕密。

大马似乎也有备而来，稍微整理了服装，站起身，沉默了好一会儿，感叹最近的变化不知该从何说起。但她毕竟是公司的高层，口才不错，清清喉咙，试着梳理自己的情绪，说着说着，就一路说下去了。

她对母亲充满失望，可能母亲不在场的关系，她鼓足勇气，把过去的怨与恨说得彻底，包括重男轻女、宠弟弟，肆无忌惮地宠；弟弟做任何事都对，她这姐姐做任何的事都不对；对父亲和她的要求特别多且不合理……她真情流露，声泪俱下。

她举例，年近四十的弟弟在工作上遇到困难需要用金钱解决时，妈妈都直接向她开口：“你比较能干，弟弟比较苦，你照顾他是天经地义的事。”或者说：“你就这么一个弟弟，怎能袖手旁观？算我求你好不好？”她痛恨妈妈永远用这种哀兵政策，逼她就范。弟弟像个惯犯，总是一而再、再而三地犯错，而大马得一而再、再而三地拿钱解决。此外弟弟经常换工作，而她在职场上战战兢兢恪守岗位，才爬到目前的位置，但努力赚来的钱却得拿出来帮助弟弟，积年累月，永无止尽，令她忿忿不平。

这些伤痛过去可能没机会说，她在这堂课里一股脑儿地宣泄。话锋一转，她突然思念起过世的父亲，“因为在家里，我们是一‘国’的，失去父亲，我‘孤军奋战’。”后面那四个字，她说得慷慨激昂，感觉终于把卡在胸口的情绪释放出来了。

当然我也注意到小马的反应，姐姐滔滔叙事，他静静聆听，彷彿在听别人的故事，心情完全不受干扰，但我仍看见他脸上布满的情感，只是隐藏得很好。

大马结束一番真情告白后，弟弟从座位上站了起来。这时所有人紧盯着弟弟，看他会做出什么举动，我也盯住这画面。他走向姐姐，缓缓地张开双手，在空中停顿几秒，一句话也没说，接着紧紧地抱住姐姐……全场为之震撼，像拍电影被导演定格般，现场一片静默。

大马被弟弟这一抱，放声痛哭，她说：“四十年了，我们姐弟从来没有这样的身体接触，这是我们这辈子第一次的拥抱……”弟弟也哭了，他说：“谢谢你，姐，我一直都知道你对我好，也知道你的委屈，你那么高大强悍，我只是不知道如何对你表示感谢跟靠近，我是真的爱你，姐，我会不一样的。”

谁都不晓得是在哪个环节或哪个刹那间，弟弟改变了，这一拥抱，跨出和解的一步，这一拥抱，驱散了弟弟和母亲结盟带来的怨恨，而大马带来的亲朋好友也都目睹了这重要且关键的一刻。

这个家庭长期出现的画面是弟弟躲在妈妈后面，妈妈面对姐姐；姐弟的关系之所以紧张是因为弟弟透过妈妈向姐姐要东西，但这过程中很多细微之处是弟弟不了解的，如今经由姐姐赤裸裸地说出来，弟弟站在妈妈前面对姐姐，姐弟之间积累的问题变成可以直接面对了。

当姐姐被理解，过去为弟弟做再多的事都值得了。尤其弟弟伸手拥抱，像是为她打开家门，迎接离婚在外的姐姐“回家”。

我很高兴看到这个结局。

课程结束后，大马决定在北京主办相关心理咨询课程。由于她有些事情会咨询我的意见，我因此有机会与他们进一步相处。

大马说，姐弟和解后，她与妈妈的冲突和怨怼也相对减少，姐弟间有来有往，彼此的互动比以前更加频繁。她时常主动关心弟弟的工作与家庭，给予必要的支持与鼓励。大马的善意，换来弟弟的体贴。有一回大马出差在外，弟弟主动到家里陪伴孩子，令她非常感动。她则带回出差买的名产，全家聚在一起快乐地享用，家里终于出现她梦寐以求的温馨画面。

大马过去跟母亲虽然相处不好，但也怕失去她。我们可以换老婆、换先生、换主管、换同事，但从来没有人可以换父母，所以这么多年下来，她对家里的付出有一部分是“孝”，有一部分是“情”。由于跟弟弟关系融洽，间接地跟妈妈的关系也修复。对她而言，既做到了孝也满足了情感交流。

然而，造化弄人，就在全家人决定好好珍惜相处时光时，母亲却罹患大肠癌末期。

大马忧伤地说：“我好不容易把母亲、弟弟找回来，才几个月而已，却听到坏消息，我不知道日子要怎么过……”莫名的恐惧围绕着她。

我建议大马好好地陪伴母亲，以免日后留有遗憾。陪伴可以弥补过去缺乏的母爱，这不仅是母亲的需要，也是她的需要；我同时也建议姐弟俩趁机合作，一起面对妈妈癌症的医疗问题。

大马这时觉察自己的角色应该还给弟弟，过去她就是剥夺了弟弟该扛的责任才这么辛苦，现在是弟弟重新站起来的机会，她愿意退居第二线。大马语重心长地对弟弟说：“你是一家之主，现在一切由你作主。”姐弟还达成协议，由姐姐支付母亲所有的医疗费，其余的事由弟弟负责，而她愿意从旁协助与陪伴。姐弟俩分工，轮流在医院陪伴母亲。大马请长假排早班，弟弟负责晚班。

大马长期与母亲疏离，母女单独近距离相处，竟尴尬了。初次扶母亲下床，当她的手触碰母亲粗糙的手，感觉十分陌生。但次数多了，她也习惯了，进而喂食、按摩、散步，愈来愈自然，愈来愈得心应手。那个长年只会指责女儿的母亲收起严厉的口吻，开始对女儿嘘寒问暖：“你吃了没？”“今天不用上班吗？”“你忙你的，别累坏身子了。”大马几度落泪，母亲温柔的对待在她的人生中多么罕见啊！这时的她早已卸下心头的怨恨，与母亲相处时跟寻常母女一样，一起在病床用餐、聊天，直到母亲入睡，弟弟晚上接班，大马才回去休息。

早晚班交接时，一家三口都在医院吃晚餐。有别于姐姐白天各方面的照料，晚上也不轻松。医院不好睡，母亲不经意的一个翻身都会惊动小马，他随时处在备战状态。

有时白天弟弟没事，也会来医院陪伴母亲，有时姐姐晚上没事也会留下来；姐弟俩在医院陪伴母亲，在医院一时传为美谈。

患病近一年，妈妈走了。虽然母亲离开，姐弟间的情感却更加紧密。办完母亲的后事，大马辞掉公司总监的职务，回到家乡，在弟弟家不远处住下来，并开了一家幼儿园，她要陪伴着弟弟——世界仅存的亲人，当他永远的后盾。

我知道他们姐弟最近的事，是大马的弟媳生了第二胎，她赶到医院探望，迎接新生命的出生。大马张罗一切，把自己放在“家长”的位置取代父母亲，她要让弟媳一家人知道，这弟弟还是有家的人。

回头看这个案，母亲患癌为这个家注入了一股大翻转的力道。大马一生渴望的家的温馨和家人的陪伴，直到母亲癌症末期才出现。但一切都不晚。姐弟现在聊过去，都格外珍惜在医院陪伴母亲的时光，觉得人生没有遗憾了。

我爱的人正好是同性

家庭治疗有很多形式，一个人也可以做家庭治疗。有些家庭治疗需要家人一起来，可是家人未必愿意，尤其当父母知道孩子是同性恋时就更难了。

在“同性恋”议题中，很多个案（或个案家人）因当下情绪爆发，慌乱不知所措，急于寻找可以的改变方法，大都是一个人独自寻求协助。所以这章节并没有做所谓传统下的“家庭治疗”，而是给出“陪伴与个人建议”。虽然说不是传统的家庭治疗，然而在系统动力之下，牵一发动全身。家庭仍然会因为一个人的改变而被影响整个系统与动力，这也可称为一个人的家庭治疗。

我开过面向同性恋群体的酒吧，参与过无数的同性恋运动，接触过的同性恋不少……这些身份可能是我比其他咨询师更有机会了解同性恋族群样貌的原因。

“同性恋”议题让个人受苦，其实家里成员也苦，有时候家里成员甚至比个案还苦。很多父母企图改变同性恋的孩子，他们在“求救”，因为传统与社会的压力，让他们心生害怕和恐惧，不知道该怎么办？可以想象，要承认这个事实需要多大勇气？不被接纳是何等痛苦？在这个议题中，我能做的其实极其有限。如果他们愿意面对，主动寻求帮助，也许我可以提供一些方法，让他们与家人重新互动。

什么是“同性恋”？

我喜欢电影《霸王别姬》里的一句话：“我爱的人正好是同性，如此而已。”

孩子是同性恋，我该怎么做

某个深夜，我接到朋友紧急的电话，他焦虑地跟我约时间，希望早点跟我碰面。我问他是哪一方面的问题，他的声音低沉沮丧，有气无力：“我儿子是同性恋，我该怎么办？”我想安慰他：“你儿子只是谈个恋爱而已，别紧张……”但我知道这不是他想听的答案。

老实说，我可以在爱情、人际关系、情绪、人生……等问题提供专业咨询，唯独“性向”议题，如果是先天的基因使然，那么当事者要承受巨大社会压力，我能做的只是陪伴而已，几乎是无能为力。

人类是群居动物，经过漫长的时间积累，创造出一套多数人认同的生活模式：例如男的属阳、女的属阴；男生喜欢女生，女生喜欢男生；多数家庭“男主外、女主内”……但这不意味多数人的认同就是对的，少数人的认同就是错的。当家长发现自己的孩子是“同性恋”时，第一时间绝大多数不能接受。

不过我发现，家里有“同性恋”的孩子，父、母亲的态度明显不同。先谈母亲。

有一位母亲得知儿子是“同性恋”时，哭哭啼啼地问：

“是我受到诅咒吗？为什么我会生出这种‘怪胎’？”

言谈间，我发现她不是不爱孩子，而是想到儿子会受到歧视，不免痛彻心扉。她对儿子说：“就算我接受，但社会不允许；哪天我走了，谁帮你？谁陪你？”儿子坚定地告诉她，“我可以接受自己，我可以面对别人，我有合适的伴侣，请相信我们可以生活得很好……”一开始母亲听不进去，由于太过忧虑，反而反过来要求孩子，“你能不能改？如果你改过来就不需要承受这么多的压力，就可以坦然地生活，成为多数人中的一份子……”儿子对他摇摇头。

母亲了解了，接受了。

我再度遇到这位母亲是在同性恋运动的场合，她手持彩虹旗，支持同性恋合法，也安慰同样有同性恋孩子的父母，接受事实。我拍拍她的肩，夸赞她是位了不起的母亲。

另一个母亲在某机关任高级主管，在得知孩子是同性恋后，每天披头散发，连上班都没心情。某日开会，轮到她发言，她支支吾吾的，不知所云，这才发现自己受到了严重的冲击。

她到处找专家，希望寻求正确的思考方向。她沉淀一段时日后跟亲朋好友说，虽然感到惊讶，但会义无反顾地接纳这孩子，想跟孩子变成好朋友，甚至保护他，“如果连我这当妈的都不接受，还能奢望谁接受？”

亲友讶异地问：“你可以接受孩子的另一半吗？”她回：“我接不接受不是重点，重点是我‘势必得’接受，因为他是我的孩子啊！”

这两位母亲对孩子无条件的爱，令人动容。

早年，台湾地区同性恋运动方兴未艾，某个团体的成员凭着满腔热血想为同志发声，便毅然决然挺身而出。此举吸引大批媒体争相报导，他工作的地方原本是个安静的小镇，却因此造成不小骚动。

他“风光”几天后，新闻冷却，就像“海水退潮时，才知道谁在裸泳”一样，最让他难受的不是主管的施压，而是家人的不谅解。

他妈妈哭丧着脸说：“儿子啊，我是你母亲，你是怎样的人我早就心知肚明，我们自己知道就好，你干嘛昭告天下？你上电视之后我去菜市场，那些卖鱼卖菜的人，有些用异样的眼光看我，有些在我耳边用不可思议的口气问，‘你怎么生出这样的孩子？’现在我连走进菜市场的勇气都没有了；如果我都感受到庞大的压力，你确定自己真的承受得了吗？”虽然妈妈受到困扰，至少还不忘关心儿子。

令他不解的是已出嫁的姐姐回家跟他吵架：“我同事说，原来你有个同性恋的弟弟啊？将来我们有这方面的问题，问你就好啦！”姐夫甚至跟姐姐说：“如果一开始知道你弟弟是同性恋，我不确定会不会跟你结婚，谁知道你们家有没有（这种）遗传基因？”

他不知道“出柜”会引来排山倒海的攻击，也不知道会给家人造成这么大的影响。那段时间他来找我，我能做的只是“陪伴”而已。若说这件事有带来什么一丁点的好处，勉强称得上的，就是此后不必再遮遮掩掩过日子了。

究竟“同性恋”会不会遗传？这方面的报告很多，我没有做深入的研究。不过，有时候父母亲的态度会影响孩子对“性别”的认同。

有个妈妈生了四个儿子，家里很吵，她希望第五个是女儿，无奈又是个儿子。妈妈常抱着最小的儿子说：“如果你是女生，那该多好！”不知不觉地帮他涂胭脂、穿女装……“有一天我回家，我那已经小学三年级的儿子在家里绑丝巾擦口红，‘妈妈，我这样漂不漂亮？’”他以为这样才能讨父母欢心，但我这才惊觉儿子的性别认同混淆了，‘怎么办？我儿子将来会不会是同性恋？’”

我还真不知道。但我想知道，“如果他是同性恋，你还爱不爱这孩子？”她哭了，接着用非常肯定的语气说：“我一定要爱他，他是我身上的一块肉啊！”

另一个类似的案例是一位清秀的男生，妈妈是歌手，从小跟着妈妈在歌厅的后台长大，那些化妆登台的阿姨们见他可爱，这个阿姨帮他涂口红，那个阿姨帮他画眉毛，还有人帮他穿裙子……化好女妆，还直夸“好漂亮”。

当时他年纪小，对自己的装扮习以为常。

三岁那年，他有了妹妹，他跟妈妈要妹妹所有的玩具和衣服……直到有一天，妈妈带妹妹买内衣，他嚷着也要，但拿起胸罩却发现没地方挂。那些当年帮他化妆的阿姨们知道此事骂他“变态”，他十八岁交了男朋友也被妈妈狠狠地赶出家门。

“你觉得自己是女生吗？”我问。

“我是男生啊！”

“你会想变性吗？”

“不会啊，但我就是爱男生啊！”

有一天，巷口卖水果的阿姨问：“好久没看到你儿子，他去哪里了？”他妈很生气地回：“我儿子死啦！”

卖水果的阿姨继续说：“你比较有社会历练，看得多，见识广。我想请教你，你们家有个像女儿的儿子，我们家有个像儿子的女儿，我不知道该怎么处理……”原来不只她家有这问题，这才让母亲重新思考对儿子的接纳。

接着来看父亲。

以上的例子，母亲都愿意站在孩子这一边。但当父亲得知孩子是同性恋时，情况往往大不相同。

我在大陆认识一位学者，世代单传。某日，儿子告诉他：“爸爸，我是同性恋……”他听了心情七上八下，淡淡地回：“你就好好地过你的日子，好好照顾自己，我尊重你，没有意见……”儿子很开心，到处说他得到了父亲的祝福。

没想到三个月后，这位父亲因严重的抑郁症住院了。

表面上他理解，心里却不接受。那阵子，他在工作上隐忍，害怕事情曝光，想到儿子无法传宗接代，辗转难眠……

我经营Funky酒吧时，客人以同性恋占多数。我记得曾在酒吧的角落看到一位郁闷的年轻人猛喝酒，我过去问：“你怎么了？”我关心的手才刚伸出去，他就挥拳挡住，“你不要管我。”“我是这里的老板，也许帮得上忙。”当他凶我而我没有掉头就走，这份善意多少表示我可以倾听他的心事。

他家三代单传，由于没有朋友可以诉说，于是开始写日记。密密麻麻的日记记录了他的恋爱经历。

“有一天，我妈妈打扫我房间发现日记，吓了一大跳，拿给我爸看，爸爸非常气愤，把我赶出门。我拎着随便打包的行李出门，他还在背后骂，‘我怎么生出你这种病态儿子？’”

所谓“虎毒不食子”，我建议他回家，诚恳地跟父母谈。

过了三天他又出现在酒吧，主动找我聊：“我爸妈同意让我回去住了。”他很开心，我也以为自己帮了一个年轻人，跟他干了一杯酒。

没几天他又出现在酒吧，跟第一次一样喝着闷酒。“其实，我爸妈叫我回去是骗我的。他们用‘苦肉计’，天天要我改……”爸爸平常不喝酒，但那几天一吃饭就喝酒，连灌几杯，借着几分醉意，用手打破窗户的玻璃，劈里啪啦的，玻璃碎一地，父亲满手鲜血，趁机逼问：“你改不改？你不改我死给你看！”他出口反驳，父亲用脚踹桌椅，大喊：“家门不幸啊！怎么生出你这个孽子！”听到这话，他就哭着逃出家了。

我用他父亲的话再问他一次："你能不能改变？"或者，"你愿不愿意因为父母而做点虚假的改变，让他们舒服点？"

他说："我做不到。我已经努力尝试，但真的做不到。我如果做得到也不会过现在这种日子了。"

这孩子高职念到一半辍学在外，父母当时很介意他不念书学坏……我建议他重拾课本，返回校园，先与家人保持一段距离，等学业告一段落再回去，至少让他们了解他不是一无是处，"或许这样的改变，你父母反而比较能接受。"

这孩子发奋图强，后来取得大学学历并找到一份安稳的工作。这个不爱读书的孩子多年后因巨大的改变，缓和了父子关系。

我偶尔会在酒吧遇到他，他有稳定的交往对象，觥筹交错中，看得出过着不错的生活。社会各角落，都有不为人知的同性恋故事。

出柜的选择

他是个男士，有妻有儿也在交男友。在农村，结婚生子是天经地义的事。

五十四岁那年，他到北京出差，晚上跟同事到"洗浴中心"，就是一般人说的"澡堂"，他进去才知道那是同性恋常去的澡堂。在这之前他从来不知道"同性恋"三个字，但在那里，他的心被撩拨起来，整个人疯了，像火山爆发似的，他在男人身上得到乐趣与快感，这才恍然大悟，“原来我喜欢男人。”此后他常离家到大都市寻求性爱，释放过去被压抑的情欲。

他从小不知道“同性恋”，但他感觉男性的身体对他有很大的吸引力。他年轻时住在偏僻的乡下，循旧有的传统结婚生子，但他很清楚他无法在和太太行房时感受愉悦，只是凭着责任度日。

有天伙伴们聊起“同性恋”话题，问他担不担心被亲朋好友发现，“说实话，我五十多年的生命都荒废了，我不知道自己是谁，现在终于发现这是我的快乐天堂！哪怕‘出柜’有压力，我都承受得起，也值得。”

“汝非鱼，焉知鱼之乐”，你不是他，没有资格评价他的是非对错。但站在“人”的角度而不是“男女”的角度，我尊重他的生命和他的选择。

社会上这一类的例子很多。有个尚未到而立之年的准博士生，他在大都市念书，受父母之命媒妁之言回到位于乡下的老家结婚。事情来得紧急，因为他未来的弟媳已经怀孕在身，他家传统，长子得先结婚弟弟才能成家，因此他弟弟很心急。

我问：“你做得到吗？”他回答：“我不知道。”

婚后他很痛苦，喝酒解闷，也许酒精发挥了助力，他与太太行房，不到半个月又回到大都市工作。几个月后他接到太太怀孕的消息，升格当了爸爸，这下他更有理由在都市打拼，一年只回去一次，“因为我要多赚点钱养孩子。”说得义正词严。几年来，他没碰过太太，太太生下孩子后到别的城市工作，孩子留给他爸妈带，他们成了一对名存实亡的假夫妻。

不过，因为有了个孩子，他挡掉不少外界的闲言闲语，也成功掩饰了自己同性恋的身份。

在上海，他交了喜欢的男友，过着自由愉快的生活。

另一个案例是父母逼婚，他逃到国外，学成归国在某个领域小有名气和影响力，他想趁机面对自己。他问：“我是否可以诚实地跟家人‘出柜’？”

我知道他压抑太久，想淋漓畅快地说：“我是同性恋。”

“你现在有成就，你父母都以你为荣。但是当你大声说‘我是同性恋’时，你的父母情何以堪？你有很多理由可以不结婚，例如事业很忙，况且，现在独身主义的人很多，有这必要吗？”

在我的咨询生涯，“性向”议题很少出现在课堂上。也许大部分的人不愿意在公众场合成为焦点；但仍有少数例子，可以跟大家分享，例如这个女同志。

她一走进教室，我就脱口说：“你看起来好潇洒！”她穿着宽大恤，一手插进牛仔裤口袋里，另一手举起来对我打招呼：“对。我是女同志，现在有伴侣，羡慕我吧！”回应也简洁利落。

上完课，她走过来，表示自己有个小小的问题。“我妈妈很爱我，很心疼我，她知道我是女同志很忧虑……”原来她和女友合开一家公司，事业小有成就，但她母亲仍然担心，担心她们相处有没有问题，担心她们受社会异样的眼光，担心这担心那，“我都说愿意把我的伴侣介绍给妈妈认识了，她还是放不下心，现在她的困扰变成我的困扰了，怎么办？”

天下父母哪有不担心儿女的？所谓“眼见为凭”，为了证明你们的相处没有问题，为了让你母亲对你们放心，我建议她：“要不要试着邀请妈妈到家里住，让她认识你的‘另一伴’，亲眼看到你们的生活、你们的互动。让她知道，你有能力爱自己，爱她也爱妈妈？”

她说，这方法值得一试。

让妈妈亲眼看见她和另一半的相处之道，让妈妈放下莫须有的担忧、焦虑，也可让另一半和妈妈熟悉，何乐不为？！

再看这个个案，他没说自己的故事，只是问我：“如果有一个同性恋，在工作上受到歧视，老板也知道他的身份；和同事相处，时不时就受到言语霸凌，你有什么建议？”

由于他没提具体状况，我只能概略回答——因人而异。我觉得得看这个人的工作形态、个性与能力来决定。

如果他是个软弱的人，不论去哪里都会受到欺负；如果他有不错的工作能力，可选择离开，也许到新的环境可掩饰自己，或者从过去的环境学习到如何趋吉避凶。

如果他的工作环境不尊重同性恋身份，可以对抗，或者选择离开，而不要把自己放在危险的环境里，至少保护自己是必要的。

但有些年轻同志嚣张跋扈，一到新环境就宣示自己是同性恋，好像拿到免死金牌，反而要别人礼让，我觉得此举某种程度上是在制造对立，我不认同这样的做法。

曾有同性恋者问："面对别人异样的眼光，我能为自己做什么？"

我希望他们可以接纳自己脆弱的部分，尊重自己才能推己及人，也让别人尊重你。在自我认同的过程中如果遇到困难，要知道问题本身并不是关键，如何面对才是问题所在。

"至少，面对失落，你可以陪伴自己的伤痛啊！"这便是我的答案。

爱，是需要冒险的

有个女生问我，她跟男友在一起时，他的穿着得体，但回到家喜欢"男扮女装"，"他会是'同性恋'吗？"

那叫"变装癖"。

有一次我到酒吧，朋友要我看角落里一个男扮女装的人在喝酒，据说他都是深夜进来，凌晨回去，家有妻小。

酒吧老板说，他只是想体验当女生的滋味而已，但现实生活中他不可能在老婆孩子面前穿女装，所以才趁三更半夜，猜想是太太孩子都睡着了，才带着衣服、浓妆艳抹，到同性恋酒吧喝酒，以满足自己的需要。凌晨四点多，再卸妆回家。

我在国外上课时曾有一堂课是“性别互换”，我心想，我要到哪里借女装？我室友说：“我可以借你，”他打开衣柜，一半都是裙子，“我就是喜欢穿女装，”他女友接受他的“变装癖”，两人也曾穿着女装一起出去逛街，互相挑对方喜欢的衣服。

不见得“变装癖”者就是同性恋，他们只是喜欢穿异性的服装而已。

同理，和同性发生性行为者，也未必就是同性恋。

即将步入礼堂的准新娘“妞妞”说，她和男友两人约定，婚前一定要对彼此坦诚，于是男友很老实地告诉她，他曾与男性友人发生过性行为……她听了如五雷轰顶，难以释怀，迟迟不敢决定婚期。

这样的案例不在少数。有些人在青少年成长过程中，在特殊情境因酒精或嬉闹而与同性发生性行为，但酒后清醒便绝口不再提，毕竟那不是一件能被多数人接受的事。“他们是同性恋吗？”其实不是。

同性恋是怎么造成的？这问题自有心理学以来就有人讨论。尤其以金赛博士的量表最受瞩目。他认为，每个人都有一定程度的同性恋和双性恋倾向，差异只在程度而已。

我的看法是，如果世界上只有十个人，会有一个是同性恋，一个是异性恋，其余中的八人有一部分是偏向于同性恋的双性恋，有一部份是偏向于异性恋的双性恋；有极少数是真正的双性恋……这十个人中隐约出现了五种不同性别取向。

什么叫“偏向同性恋的双性恋”？例如电影《喜宴》的男主角明明是同性恋，但当女生向他挑逗，他还是和女人发生性行为。若在一般情况下让他选择，他还是会选择与同性恋者在一起。

“恋”的繁体字“戀”部首是“心”，两边是糸字边，中间有个“言”，这表示两个人甜甜蜜蜜地说真心话，“恋”会让两个人牵肠挂肚，“恋”会放在心里，可以彼此表白。

从文字结构来看，没有“心”如何“恋”，他们是有恋情的两个爱人，两个人如果说不上话怎么恋，尤其两边的绞丝旁，像极了藤缠树、树缠藤，两个人一定有紧密的接触。

其次是偏向于异性恋的双性恋，例如男女分校的住校生活、部队或监狱；年轻的孩子可能基于好玩而发生了同性性行为，而人与人肌肤接触的确会产生反应甚至快感。但当他们脱离了局限的环境之后，可能会找异性，所以不代表有同性性行为的就是同性恋。

当然也有极少数就是喜欢人，不管男人或女人。

《霸王别姬》这部戏把传统的性别移开了，我记得有位导演说：“不是他爱男人，只是他爱上的人，恰好是男人，他不是佳人，却一样倾国倾城。”对同性恋来说，他（她）们爱的人，刚好跟自己相同性别而已。

在欧美地区，很少有人问你是不是同性恋，他们在成长过程中，喜欢男生就跟男生交往，喜欢女生就跟女生交往，他们对自我接纳程度高，勇于冒险跟尝试当下所经历的事。性向议题对他们来说并不重要，他们会随着身体当下的感觉去体验迎面而来的生命。

不过总体而言，不管哪个国家，异性恋都占多数，超过九成。

有些爱可以生死相许，“如果你真的爱他，不应该计较他的过去，应该接纳。如果你在意他的过去，只是让你们的关系产生嫌隙而已，让彼此更痛苦，你不能要求每个人都完美，正如我相信你也有缺点一样，过去发生的不会改变，为什么不去经营未来？”

如果你不能坦然接纳他的过去，他以后也不会坦诚告诉你所有事实。在两人的亲密关系中，某些善意的隐瞒是好事。

在亲密关系中坦诚也需要冒险，“他可以隐瞒，但他愿意敞开过去，表示想跟你靠近，他想跟你有更深的连结，甚至过一辈子。他的这份过去是脆弱的，不容许第三者知道，他能对你坦诚是对你的信任。”

我反问妞妞：“为什么你一直抓住这件事不放？”她说：“担心男友再犯，毕竟曾经有过。”我回她：“如果你爱他，只能冒险。”

我继续问：“如果你担心他跟一个男的有性行为，难道不担心跟一个女的吗？差别会不会在你的‘偏见’？”

性向只是个议题，重点是尊重人和每个人的生命。而爱，是需要冒险的。

第4部分

重塑

人拥有不同方面，
每个方面都带着不同特性，
承认它们整合它们，
W+hole=Whole
你就是完整的。

我是谁

这篇故事，人世间都有。

在课堂上，常有学员提出疑问："为什么我会心疼那个人？为什么我会气那个人？"内心有股莫名的感觉，由于说不出所以然，所以自我怀疑。

其实我自己就有这种经验。某人从前面走过来，我看了就想逃；但当我听到某人的委屈，却想抱他在怀里，究竟这股辛酸属于谁，自己都不知道。我们生活中总会遇到很多人，有些人你莫名地喜欢、动了恻隐之心、想照顾他、为他打抱不平；但某些人其实没得罪你，你却讨厌他、很小的动作都会令你发脾气。你喜欢的总希望别人看见；你不喜欢，你压抑，不承认；当各个方面不能被你自己统整掌握时，内外交战的你呈现四分五裂的状态，有如千疮百孔。

在加拿大学习心理课程谈到上述的心情时，我的老师玛莉亚邀我体验萨提亚女士所发展的一个理念——协助个人内在不同方面的整合。

她请我挑几个自己喜欢的和不喜欢的人，古今中外、历史人物、电影明星、卡通影片……会触动到我心坎的，都可以选择。

我问："挑这些要做什么呢？"老师说："角色扮演，看你喜欢他们什么、不喜欢他们什么。"

我挑了三个喜欢和三个不喜欢的人物，原因是喜欢他的正派、豪迈、大公无私，不喜欢他的虚假、偏激、小气。老师接着说："接下来我们就让你喜欢和不喜欢的人来开个party吧！"现场像个舞台剧，主角们把我喜欢和不喜欢的个性以肢体语言表现出来，彼此间都有互动。

萨提亚女士曾说，人身上拥有不同面，每个面都带着不同的特性。如果你能够承认并加以整合，有如英文字hole之前加上一个W，W+hole=Whole，那你这个人就是完整的。

那次体验，我久久不能忘怀，每想起它对我的触动与影响，就想着在日后的工作中能与学员分享，希望授人以渔，通过他们自身的体验，带着觉察在生活中提醒自己，给自己打气，能用更高自我价值来面对生活中的困境。

以下就是我从过去许多案例中重新整理的内容，不希望给曾经上课的学员带来困扰，又能提供一个学习与反思的过程。

第一段，让特质现身

生活中，我们总有些喜欢与不喜欢的人。有些人我们清楚地知道喜欢、不喜欢的理由，有时候也会不自觉地对某些人产生好感或是厌恶。在练习中，首先让主角选择喜欢与不喜欢的人，是想从他们行为的过程中体会可能有的相似感受，不论是身体或是情感。

我：我想问你一些事情，在整个历史中，从古到今，在你生活里面，一定有些人你喜欢，有些人你不喜欢。

主角：对！

我：对吧！那你告诉我你最喜欢谁？从古到今、现实生活中的、历史人物、影视明星……都可以。

主角：嗯……你这个问题……

我：你从来没有喜欢过谁吗？

主角：我喜欢……过很多……

我：好，讲一个。

主角：其实……我比较喜欢那个现实一点的那种……

我：现实不现实，幻想都可以，只要是你喜欢的。

主角：我比较喜欢甄嬛。

我：甄嬛……喔，你喜欢甄嬛的什么特质？

主角：首先，我比较喜欢她是很端庄的一个人……然后……我觉得她还……有勇有谋。

我：有勇有谋，还有呢？

主角：还有我觉得她能那个……很那个……很镇静，嗯……还有……很有内涵。

我：好，除了她还有谁？

主角：秦始皇。

我：你喜欢他什么地方？

主角：不喜欢，不喜欢他的专制，

我：喔，专制。

主角：暴力。

我：暴力，还有？

主角：小气。

我：还有没有？

主角：其实这个暴力叫做残暴。

我：残暴。还有什么吗？就写一个甄嬛，一个秦始皇，好！再写一个喜欢的。我们至少写三个喜欢、三个不喜欢的人。

主角：喜欢的？写三个？喔……是男、女都可以？

我：都可以！其实可以不锁定在人啊，动物啦，或是卡通都可以，我比较喜欢锁定在人。

主角：我身边的也行？

我：也行。

主角：我喜欢的一个好朋友，可以吗？

我：好朋友，当然可以，你可以写名字，也可用代号。你喜欢她什么？

主角：我喜欢……她的善解人意。

我：还有呢？

主角：喔……很温柔，还有，我觉得她很能干、聪明！

我：差不多了，你再写一个不喜欢的。

主角：不喜欢的呀？我妈，可不可以？

我：可以。不喜欢你妈的什么？

主角：其实……跟上面那一个很像，我妈……那个很粗暴，喜欢掌控，还有……我妈也偏执……对，其实这个就像我妈。

我：好！再讲一个喜欢的，

主角：喜欢的？其实……我比较喜欢女将军……之类的，梁红玉。

我：喜欢梁红玉什么呢？

主角：我觉得她很勇敢、独立，还有……有勇有谋，还有她有激情。

我：喔，激情，PASSION！不喜欢的，再来一个。

主角：不喜欢的？不喜欢的……我觉得……中学老师。

我：老师？所有的老师一竿子打死？

主角：不是，不是的，就是我读书时的高二老师。

我：不喜欢他哪里？

主角：这个也是以前的……

我：没关系，没关系，不喜欢他哪里？

主角：冷漠。

我：冷漠，还有什么？

主角：其实也是粗暴。

我：粗暴。

主角：自以为是。

我：自以为是，还有吗？

主角：还有那种……以偏概全。

我：以偏概全。

主角：其实也就这些。

我：好。

主角：还有……那个，武断。

我：武断，跟以偏概全不太一样？

主角：他有一点……就是这一块，鲁莽、鲁莽，这个应该加鲁莽。

我：鲁莽。

主角：对，加鲁莽。

我：好，鲁莽。

第二段，让特质角色互动

当角色扮演者用主角要求的动作，在Party过程中与他人互动，身体、心理所产生的所有情况，是主角多数也都会有的相似的身心反应。也就是说，角色在人际互动中的反应也是主角可能拥有的经验。

我拿着角色名牌走向主角。

主角：这么多（笑）。

我：六个啊，你可以邀请同学来扮演每一个人。

我：所有的人都可以邀请，除了我。我要工作，不然我也要玩，其实蛮好玩。这只是一个代表，你不要不好意思，你觉得哪一个适合就拿给他，当然对方也可以拒绝你。

主角：是的，我现在是在找感觉。

我：秦始皇，妈。

主角走回场中央，邀请成员扮演秦始皇角色。

我：秦始皇，冷漠、粗暴、自以为是、武断、鲁莽、以偏概全。

主角大笑，走向学员，邀请他们扮演高二老师及其他角色。

我：行。我们现在要演舞台剧，开一个party。首先呢，你看甄嬛，她是端庄、有勇有谋、镇定、有内涵的，你是导演，你要让甄嬛在这个舞台出现的时候，你怎么样让她走起来，怎么样让她的动作是端庄、有勇有谋、镇定、有内涵的，从她的动作当中就能呈现出来。你是导演，你要甄嬛是怎么样的，你就示范出来给人家看。

主角：所以我要演？

我：是啊，导演要先演给甄嬛看，甄嬛看着导演演，然后甄嬛就随着导演的步伐走出来，把那个情感走进去。这其实很有趣的，演员训练就是这样。你看你进入那个角色，甄嬛出列喔（对甄嬛说），你就在那边看着她（主角），然后就跟着她，随着她的步伐走，她怎么诠释这个角色的，你就按照她的方法，照她的表演来演。（对主角说）你要留意她，看她符合不符合你心目中的甄嬛。

主角：一定要用走的方式吗？

我：因为要开party，这些人要碰在一块啊，让这六个人一起开舞会。

主角：我觉得甄嬛最那个，我比较欣赏她的地方就是，其实那个时候她不是一个动态的，她是坐着的，就是说当那个很多的困难来的时候，她能坐在这里，很镇定地看这个场面，然后做出最恰当的反应。

我：行啊，你也可以搬张椅子让她都不动。甄嬛会动吧？

主角：她那个，她动得很少。

我：好，那就很少动，她的动作很少，譬如说她很镇定，你怎么在表情上显示她的镇定、她的内涵，怎么样从她很细微的动作来表现她的内涵跟镇定、有勇有谋及她的正直。但是她必须跟人家接触的时候，她会怎样？

主角移动了几步：就是……嗯……设计一个场景吧。

我：没有，这就是一个舞台，待会儿他们六个要见面，开个party。甄嬛要面对秦始皇、好朋友、妈、梁红玉跟高二老师，穿越时空。反正是练武的梁红玉，带着清朝的甄嬛，还有好朋友，去面对秦始皇，还有你妈、你的高二老师，他们要一起开party。

主角：嗯……我觉得甄嬛就那个……

我：你走。

主角：嗯……譬如说到一个大场面，像一个大场面，上台的时候有一个剧场啊，（主角开始移动）然后我觉得就……一步一脚，很踏实的那种感觉，对那个场面并不畏惧，就是说来了任何场面，不管她会发生什么情况嘛，你感觉你都很勇敢，然后很镇定地走过去，然后那个，有信心如果发生任何情况你都能够处理，任何的结果你都能够承担。

我：好，就走走看吧，甄嬛。就从那边走过来就可以啦，从你的位子上开始走。

主角：我来带她走一遍。

我：喔，你要看着她走，然后要走给她看。

主角对“甄嬛”说：对，你走的那个有感觉。

我：甄嬛不会那么笑吧？主角：不会那么笑，有一点那个……（两人准备好开始走）

我：你把她的端庄啊，镇定啊，内涵啊，不是走到那边，要走这个场子，然后主角就退开，看看她走得像不像你要的。

主角：上面的感觉我觉得不错，就是脚步上面还要……

我：随时随地都可以走，然后看她可不可以。

主角：脚步还要那个……稳定一点，我觉得那个……对。

我：甄嬛的手是残废的喔？

主角：手可以……（让甄嬛把手交叠在腹部）

我：可以了喔，甄嬛，慢慢走回到你的位子。

主角：嗯，可以可以。

我对甄嬛：走回到你的位子，记住你身上这种感觉，走回你的位子去。

甄嬛回座。

我：秦始皇的专制、残暴、小气，在舞台上会呈现出什么样子？

主角：在舞台上面，他……我是讨厌他那种扑克脸。

我：好，那你就把扑克脸摆出来。

主角：然后就那个……那个……

我：专制。他的动作也可以……

主角：然后你要像这样……（主角摆出扑克脸）

我：好，你开始走动。

主角：我走吗？

我：你走给她看啊（对着秦始皇说），你看，跟着她走。

主角：不是，要皮笑肉不笑。（秦始皇模仿主角开始走）

我：动作，点点头，嗯……（对着主角）你转身看她走得像不像。

主角：背要挺直一点，嗯……要有气势。你看我，然后看那个。

我：对底下这些你的子民们。

主角：对，对。

我对主角：可以吗?

主角：脸部还要那个，脸部的表情还要僵硬一点。可以，现在感觉还可以。

我：慢慢走回去。记住这种感觉。

秦始皇回座。

我：好朋友善解人意、温柔、能干、聪明。（对好朋友说）没有，不是你随便走，是她心目中的好朋友是什么的样子。

主角：就是那种，很温柔吧，走路很那种，反正很可爱那种。

我：好，那你就走起来很温柔可爱。

主角开始走，走到好朋友前面，好朋友站起来跟着走。

主角：她也像她自己，笑得挺可爱的这样子。

我：可以喔？对谁笑呢？对空气笑吗?

主角：对大家笑啊。

我：可以喔?

主角：可以可以。

我：可以就走回去。

主角对好朋友说：稍微自然一点。

好朋友回座。

我：妈，粗暴、掌控、偏执。

主角：妈呀，听到我妈就开始……

我：听到你妈就开始？

主角：马上那个脊梁就挺了一下。

我：好，妈妈，粗暴、掌控、偏执。

主角：我可不可以表演我妈打我呀？

我：可以啊，你就想象你在前面，你妈怎么打你呀！

主角的右手往左上方挥拳。

我：好，那就一面走一面打。

全场笑。

主角：人笑傻了，我妈一生气那个有表情啊。

我：好，表情来。

主角：眼睛一瞪，老爷的父母，然后就“哄”（挥拳），老爷小时候就“啪”（甩巴掌）一耳光。

我：好，那就走过去。

主角：（走几步）“哄”（挥拳）。

全场笑。

我：“啪”！

主角边走边甩巴掌。全场笑。

我：主角，看着妈。

主角：又笑场啦，不行啦，反正不能笑，生气的时候（全场笑）。她也蛮专制的，自己可以笑，别人不能笑。

主角：导演嘛。

我：导演来，妈。

主角：反正你走一圈，看哪个……

我：慢慢进入那个状态、沉淀。

我：对，你想象前面有个主角在那边，你心里不舒服，想打她就打。

主角：对对对，打的都不是同学啊，打的是我。反正很生气那种，一个小儿……“啪”（甩巴掌）。（妈妈开始边走边甩别人巴掌），像这样。

我：你要看她呀，像不像?

主角：还得逼真点，不能笑。

我：行吗?

主角：她如果不笑，感觉很像。

我：好，不笑。

我：梁红玉，勇敢、独立、有勇有谋、有热情、有激情。梁红玉是击鼓的喔。

主角：对，她那个上战场的时候，那个那种激发人心的那种拿鼓。

我：你看可以拿鼓、就激发人心，一面走一面……。对，这种，敲鼓的那种感觉，然后最后是她。

主角：那个战车鼓是在战车上推着走，可以走，可以动。对对对（边走边击鼓），就这样，然后其实还有一个动作。

我：想嘛，没关系。

主角：鼓一敲完了之后，一般她会那个身先士卒嘛！然后她就会拿着那个大旗。

我：咚咚咚（击鼓），杀！（举旗前进）

主角：对对对。

全场欢笑。

我：像吧。

主角：就是这样。

我：来，梁红玉出列。想象前面有一个鼓。

“梁红玉”：我要击鼓才杀，对不对?

我：你随时想杀就杀啊!

主角：不对，我说的不是杀，是“刷”！那一下手要那个。

我：很有力。

主角：要甩出去，要有那种气势，哈哈……

梁红玉：好（击鼓）有鼓对不对，（边走边击鼓），“刷”（右手高举旗帜）

全场欢呼、拍手。

主角对“梁红玉”比出大拇指后两人相拥。

我：对，走一圈。

主角：这个打鼓打得很用力。（梁红玉边击鼓边高声喊“刷”）

我：好，完全正确。接着高二老师，冷漠、粗暴、自以为是、鲁莽。

主角：嗯，就这样。就是我们那个，先是这样，比如说，巡视教室的时候，你呢就那个（双手托胸。“高二老师”随着主角动作，接着全场笑。主角点头。）对，就是这样。很好。

全场欢呼。

主角：然后（双手放到腰后合握），再一步就是这样，就是说哪个同学在说话之类的，就这样（抬下巴），干什么！（“高二老师”跟着主角一起做动作）

主角：对！（点头如捣蒜），完全符合。

全场笑。

我：“完全符合。我们现在来排练预演一下，每个角色走上台上，把你的感觉走上台上，这就是一个舞台，不要离开这个舞台。现在先进入你扮演的角色的状态，走你自己的。开始来预演，开始，不要管别人，每个人只管自己的状态，对。”

所有扮演的角色开始做起该角色的动作，主角在一旁观看，全场不时出现笑声。

我：“‘妈’不要笑场（待角色皆进入状况）。好了，走回自己的位置。我们现在开个Party。所谓的Party是怎样，是一个宴会，宴会就不是一个人跟自己的事情，所以每一个人要带着这样一个感觉，譬如说，这梁红玉是这样（击鼓、“刷”），这是她要跟这些人（其他角色）互动啊，不是在自己的世界。刚刚是在自己的世界，这是他（角色）的个性他（角色）的特质。用这样的特质，在这个宴会当中，然后跟每个人交流。这样明白吗？各位演员们。你（主角）有一个很轻松的工作，是在这边（舞台边）看就好。你们尽可能把刚刚的动作夸张，把内在那个能量发挥到最大，都让它出来。因为进入宴会，你要跟别人互动，在互动里面，用这种方式尽可能地发展出来。当我喊停的时候，就停在那个位置上。明白吗，各位演员？（演员们点头）。导演在旁边看，我会跟你核对。来，宴会开始。”

角色们皆起身，用自己角色的舞步走入舞台，彼此交锋两三分钟后。

我：好，停……（面对主角）你对谁比较有兴趣，在这个过程中？

主角：我对那个，梁红玉跟好朋友都有兴趣。

我：好，我们去问问梁红玉。我想问一下梁红玉，在这个过程里面，你跟所有人互动，你身体或心里有什么感觉？

梁红玉：我第一个碰到的是好朋友，那时候就觉得这一个不是我要打的敌人，后来碰到妈妈跟高中老师，因为我没跟甄嬛照到面，遇到他们三个，就觉得那个时候很想上的感觉。

我：很想上是怎样？有股激情、冲动，还是好想把他们打垮？

梁红玉：还没有到要打垮，但是就是那种有一种气势要出去的感觉。

我：喔，这种感觉！你有没有碰到那种好像不是特别喜欢的人，你就好像主动想碰他？

主角：很熟悉。

我：很熟悉，好。好朋友在这个过程里面，你身体和心里有什么反应？

好朋友：我的身体非常想逃离，然后我的心里觉得这里危机四伏。

我：觉得危机四伏。

好朋友：因为我碰到那个就是梁红玉，我觉得那种东西对我来说有点激烈了，我知道她可能不是针对我的，但是那种“刷”、那种大声说话的那种东西，我就觉得，其实我不是，也不是说不喜欢，还是有点不习惯，有一点点。然后，其他的几个人我都觉得有点恐惧，有点，怎么形容，有点恐惧有点不想去接触，想逃避。

我看着主角：你有没有这种感觉？有时候好像在人群当中，哪怕不是对你很大声，你也会觉得有种压力，常常想逃避的感觉？

主角：有。

我：那我们听听其他人好不好？

主角：好。

我：秦始皇，你在这个过程里面，你身体跟心里产生什么变化？其他人，你们记住你们身体的感觉还有心里的感觉。

秦始皇：身体，很机械，好像不是我的。

我：嗯哼。

秦始皇：心里面会有一些生气和不屑。

我：什么事让你不屑？什么事让你生气？在面对什么的时候？

秦始皇：在面对甄嬛时很不爽，心里有点不爽她怎么这个样子。看到梁红玉“刷”过来，我人一下子整个空掉了，我被她的眼神震摄住了，人一下空掉了，浑身冰冷。

我：记住你这种感觉（看向主角），有这种情况吗？这种状态你熟悉吗？

主角：我在感受。

我：有时候面对很大的东西，你突然也会有一种惊吓，然后有时候会觉得，好像面对某些人，觉得自己很僵硬。

主角：有，很紧张的感觉会。

我：很紧张的时候，身体冰凉，然后好像一片空白这样。

主角：紧张，我一般是，遇到那种大的指责和冲击的时候，我会很紧张、全身就会发热。一般这个时候我现在的处理是……

我：不谈你现在的处理，我只谈这种感觉你有没有。有时候哪怕像好朋友啦、像甄嬛啦，在你感觉上是很喜欢，可是有些时候也会让你好像不舒服，是吧！

主角：脑袋空白？

秦始皇：不是脑袋空白，是整个人好像一下子空了。

我：空了？

秦始皇：人一下子好像就空了，不见了那样的感觉。

主角：这种感受我还不知道是什么，没发觉。

我：有可能。

秦始皇：我好像就空了、不见了的感觉。

我：OK，妈妈，在这个过程你的身体跟心里的反应是？

妈妈：我发觉我在面对好朋友，还有甄嬛这个……他们其实没有跟我相碰的时候，我的手挥出去、我感觉我的手是空的，就像只是外面那个影，其实里面是空的。当我碰到梁红玉跟秦始皇的时候，好像会激起我内在的力量出来，我这个手挥出去就很有力，包括在面对高中老师那种不屑的时候，也会把我这种力量激发出来。

我：遇弱则弱，遇强则强。

主角：这个很像。

秦始皇：我接到的瞬间确实很害怕，但我还在极力地反抗，有一种外强中干的感觉。

我：当你面对这种很大压力的时候，会极力去和它对抗。

主角：对、对，这里有。

我：外强中干。

主角：其实内心很虚弱，但是不认输。

我：好，甄嬛。

甄嬛：我的感觉是，觉得自己是很有力量的，然后目空一切，我觉得这些人都不是在我的关注范围之内，或者说这里发生的事对我来说都不是事情，我觉得都可以淡去，只是时间的问题。所以刚刚上来的那一个刹那，我跟每个人都没有直接的交集，然后梁红玉因为发出声音，虽然没有眼神上的沟通，但是她的声音我一直都听得见，我很喜欢她的声音，就那种很有激情的笑，我觉得很爽，然后在那个刹那我觉得我是镇定的，我其实很喜欢这部分，但是我不觉得我跟她（梁红玉）之间是有冲突的。然后秦始皇和妈妈，我觉得这两个人是有点外强中干的，妈妈，特别是那个手对于我来说，我觉得那只是一个形式而已，秦始皇我觉得就不是我的事，就我现在不想动而已。

我：像吗?

主角：很像。

甄嬛：在高二老师这边的时候，前面这些人我都有点心如止水的感觉，我就不动，唯独高二老师特别让我发毛，不管我怎么镇定他就一直在那儿挑衅，然后我就特别想……什么镇定什么内涵都不要，就想他快点死……

我：好，高二老师。

高二老师：一开始的时候我没有跟大家交流，我觉得我还在自己的状态里，但慢慢过来的时候就会碰到大家，我……就想挑衅甄嬛，真的，她给我这种感觉，非挑衅她不可。

主角：我也是很挑衅的（笑）。

高二老师：对，我就是想对甄嬛这样。

我：好，没有关系，因为时间，我们就先谈到这里就好。

你们现在不是他眼中的梁红玉、甄嬛等人，现在你们要演的是把你刚刚的感觉慢慢扩大或增大，例如说挑衅、怎么挑衅，你现在就是把你刚刚的感觉给演出来，形式自由一点点，但是要把刚刚情感跟身体的动作演出来，懂吗？我喊开始就开始，你们不是在自己身上演自己，你想去挑衅谁、想怎么做，还是想怎样，还是在party里面跟别人互动。

好朋友：只能在这个范围里面？

我：当然，你要用现在你的感觉、要用刚刚你体会出来的感觉，把它变成现在的你，明白吗，但是要跟别人互动，来，开始。

第三段，互动、体验、核对

角色扮演者运用所体验到的身心反应，强化并以此与他人互动，更深层体验互动时所产生的身心反应，再次与主角核对，是否也有类似经验。

大家开始行动，在很短的时间内。

我：为了全部六个人的和谐，你们做什么、需要找到谁合作，怎么样才能和谐。我想请你们都坐下来，就目前的状态围成一个圆圈，用现在的样子，谈谈你们怎么成功的。

好朋友：我的感受，我觉得这是一个重组，我看到这个重组的过程的时候非常难受，因为我跟不上，也根本不想面对，我觉得我好像要很委屈自己，才能建立一种好像不是我内心想要的和谐，是给别人看的那种和谐，但我心里又有另外一种声音，觉得好像这些东西都很强，我感觉我很重要，如果我不去的话，这种和谐是达不成的，前面我不是太难受，因为很自由，我可以选择站在那里，选择离开，但现在我觉得我身上有责任或是什么东西，让我必须在那里，我不能逃，因为我逃了就不能整合。

我：所以你愿意为了这个和谐去调整一下？

好朋友：对，我很努力地调整，因为我不讨厌，尤其是看到高二老师是最大的一个难题，他是不愿意融入的，但我又感觉他是愿意跟我靠近的，所以说我觉得这个东西，反正我是矛盾、纠结的那种，有点觉得委屈自己，但是不得不去的感觉。

我：但你做到了，虽然有点委屈。

好朋友：但是我也不确定这是我真正的想法，还是做一个场面，因为是给人家需要的。

我对主角说：熟悉吗？（主角点头）OK，下一位。

主角：他说的是我最近的状态。

我：最近的。

妈妈：我觉得要在一起的话，我首先想到的是那么温柔、善解人意、撒撒娇这个就是特别好的溶解剂，我觉得这个很好，然后我想如果我和梁红玉、甄嬛、秦始皇要整合的话，我就去想我们有什么共同的东西，我想我们是有力量的，有一种坚定的力量，所以我用这种坚定的力量跟你们去碰撞，这个是我们共同的，我觉得就不会错。对于高二老师，有点理解成掌控，然后我发现撒撒娇就可以进来了，然后这样我们就整合在一起了。

我对主角说：像吗？有些时候可以以柔克刚，虽然不一定要这样做。好，再来。

甄嬛：在所有部分当中其实我有不喜欢的地方，但是为了整个大的东西的完整，我觉得我是可以容纳那些小的不喜欢的地方，对我来说我愿意这样做。一开始，我找了比较喜欢的梁红玉，当我看到她的时候，我觉得在她那我收到了她想跟我在一起的讯号，然后我们俩就结盟，就看到善解人意的好朋友和妈妈，觉得这两个人也是可以走在一块的。当我们手拉手的时候，其实那时候我不愿意和秦始皇牵手的，心里只有阻抗，梁红玉非常有智慧，她就调整自己的位置，然后站在我们两中间，我觉得这是可以的，这边是妈妈，高二老师一直特意站在外边，当他靠近的时候，我的心里已经不会特别对他反感了，我觉得要想办法让他回来，所以我向他示好，但他还是特别讨厌我，我想那就不要在他面前找骂了，让善解人意去，他比较吃这一套，所以就让善解人意去，大概是这样。

我对主角说：当你要顾全大局的时候，你是挺有策略的，（主角笑）是吧？

主角：对。

梁红玉：我第一个也还在看，后来我想甄嬛也靠近我，我觉得很好，因为她跟我一样有勇有谋，我们合在一起领导力就更强，所以那时候她跟我手牵手，后来还在犹豫这个大局要怎么和谐一点，后来看到好朋友跟妈妈其实都很稳定，好像可以合作，但起先我不是要挡着好朋友和秦始皇，是高二老师。好朋友已经释出了善意，但他（高二老师）还是跑了，我就想他可能继续还是要那种挑衅的，所以我本来想过去牵他，我也想他是不是想吃糖但又不好意思，所以我就想用我的激情去抓他看看，结果他还是不要，我想以暴制暴没有用，就放掉了。后来我看到秦始皇在那里，想要和谐总不能排挤他，就把他抓进来，还好他也乐意，所以就在这里。我看到好朋友在那边跟他（高二老师）撒娇，我很不满意，想说这个人，在这个状态用这个讨好他的方式太便宜他了，我才不干这种事，我本来有一个策略是想我全部把他包在里面，让他不能乱动，可是还来不及他就软化了，也好，就像把一头野兽先困住，再驯服他。

我：你们两个有勇有谋碰在一起，就更有勇有谋，有些就需要策略，你理解以暴制暴是没有用的。

主角：嗯，我觉得以暴制暴要看对象，那是我的理解。高中老师，是我身上很桀骜不驯的一面，啊，我刚刚看那个情境就很熟悉，嗯，而且我发现，高中老师和好朋友是我自己的对立面，所以说他们之间会互相不开心，因为，因为你用那个善解人意低头的时候，其实心中的另一面其实是很反抗的。

我：那？

主角：所以说，我看到这一幅很有启发，就是内心的那股力量还是会想把它抓回来，刚刚你说的那种困在中间的感受，我也有过，比如说我内心的野性出来的时候，我也曾经想把它制服，但是后来发现这种方式，也许吧，困在中间它会冲、冲、冲破，破坏会更大，所以说，也许这叫破坏，是尝试过这种方式，可能是受伤过的。

我：OK。秦始皇，你呢？

秦始皇：我想要让大家在一起，首先我得放下一些，和缓一些，我就赶紧找到好朋友，那真的很舒服，还没顾得及发生什么，我就感受到他的友好和善，我很高兴，同时呢，我也发现这个高中老师，他在我的旁边，不跟我有连结，一直这样挤着我，然后脸又看着别处，我就真的搞不懂他到底要干什么，是要进来呢，还是要走呢，还是要干什么，我心里蛮生气的，我想，要么把他拽到中间，要么把他踢出圈外……

哄堂大笑。

我：笑啦？

秦始皇：但我紧接着想，不行，不能在一起，那怎么办呢？我的力量真的达不到了，换个位置吧。换了两次还是三次，我一直都搞不定，反而把我自己落在外面了，最后呢，梁红玉把我接了过来，我一看，哇！又在这旁边，但没挤我，挤的是好朋友，还是用那种方式，嗯，就该想个办法，该用的都用过了，怎么办呢？好朋友在那边啊，我想我也做点什么吧，去拉他手，啪，把我甩开了。你既然能不甩好朋友，我也能想办法，想怎么样，拍，拍一巴掌一响，不能动武的，不能动粗，不能动粗就粗细结合……我发现我这样放在肩上的时候，他没有了那种对抗我的力量，蛮好的，那边牵着手的又不反对，那我就拉着胳膊了，拉着胳膊我就想让他再下来一些，怎么办呢？撒撒娇吧……

我：精准吧？

主角：精准。

我：不能动粗的又不愿意动细的，就粗细结合，策略循序渐进。来吧，高二老师。到底是孤僻粗暴还是桀骜不驯？你看你听完他们所有人这样讲，你是？

高二老师：唉，辛苦，其实我一开始就没想在中间，我只是想在旁边站着，一个舒服的地方，我也没想走，我觉得OK啦，我也没那么桀骜不驯，没那么屌吧？我站在旁边找个舒服地方你们都不让，凭什么你们都要把我拉到中间……

我：你看他脸上的表情，熟悉吗？

高二老师：干嘛呀，非得拉一圈才行吗？我就站在旁边不可以啊？你还要死命拉我，哎呀气死我，哎哟，我后来发现情势不对，太吓人，压力太大，往往……不在一圈，我怕我……不知道会不会被遗弃，我实在不想把那只手伸出来啦，我只希望把我隔绝掉，更要命的是，还像小孩一样，要来抚摸我，我几岁啊，三岁孩子啊，哇！

我：什么感觉？

主角：我很心疼很心疼，其实我一直很忽略这一块，有时候真的很委屈自己，也就是，假如刚刚第二遍，我大概就会说好，真的。

我：嗯，你知道吗？这就是你的每个部分，有些时候你如果没有去关注，哪怕他那么生气，只是你没有用到更好的方法来关注自己，他一直想在外面会出事的。你知道吗，哪怕你觉得你是桀骜不驯，你没有那么大，可是别人不会了解，只有自己通通在一起的时候，才能开心。如果你常常让这个东西冒出去，受伤的只有你自己，因为这些都是你的内在。

主角：是的。

我：不管今天是有勇有谋、镇定、内涵、专制、残暴、小气，都是你；今天所有的善解人意、温柔、能干、聪明、掌控、偏执，也是你；今天的勇敢、独立、冷漠、激情、粗暴、自以为是、鲁莽、武断，也是你，就差在你不去接受那是自己的一个部分，真正在里面撕裂的是你自己。你愿不愿意把它们重新找回来？想要接受自己不喜欢的，是很难过很辛苦的，可是它们其实也给你很大的能量，你看桀骜不驯，它是一个很大的能量，你如何运用不同的方式，来拯救自己而不是折磨自己。你看有勇有谋，顾全大局，稍微委屈一点，照顾一下自己，还是循序渐进慢慢来，有其他的可以互相协助，不能强制，可以以柔克刚，他最喜欢的是这一份温柔，两个都是你有的啊，你愿意把这些都承接回来吗?

我：请你站到中间去，邀请所有人都站起来。你们要做的一件事是，首先你是好朋友，我是你生命中的好朋友，我代表的是你善解人意、温柔、能量、聪明，你愿不愿意接受我就是你的一部分？如果主角愿意，好朋友就把手轻轻地放到主角左肩，滑过他的前胸，但是不要摸胸部啊！滑过他的前胸，换到这边。换下一个人来。我是你的高二老师，我是你现在拥有的冷漠、粗暴、自以为是、以偏概全、武断、鲁莽，你接不接受这是你的？如果主角接受，再触摸他。然后过来，转一圈，每个人都说一样的话，把你的东西让主角承接，看他愿不愿意承接过去。明白吗?

当所有的特质都经由这个练习的仪式与主角交流后……

我对主角说：这个就是你，你生命当中有善良也有专制，也有鲁莽，也有勇有谋，也有正直，所有的你都有，当你承接回来所有的特质之后，你才是个完整的人，你愿意冒险，尝试看看吗？对自己许下承诺，趁着他们的能量都还在你身上，你会怎么做？你会有勇有谋、镇定、内涵、同时又专制、暴政、小气、残暴、能干、聪明，也掌控、偏执、独立、激情，有时候你可能不满意，但这都是你。你看，当所有的特质一一整合起来，这才是完整的你。给自己一份承诺，从今以后，你会怎样？你愿意……

主角：我很爱他们。

我：爱你身上所有的部分，喜欢的不喜欢的都爱它们，你会成为它们的主人，不会让它们任意地为所欲为。

主角：偶尔可以。

我：偶尔可以，太棒啦，不要强迫自己，火气来的时候可以拗一下，粗暴一下就粗暴一下，反正你有勇有谋。

主角：谢谢。（笑）

成为自己内在的主人

很多时候，各种不同的个性特质会不自觉地想成为主人，掌握全局，但是每个内在并不一定相互臣服于彼此，主角因此处于挣扎纷乱之中。只有觉察、承认，并看清楚真实的状况，主角才能拿回主权，真正成为自己内在的主人，相互合作，也才能有一个内在和谐的自己，更好地运用不同内在的组合，解决外在的困境。

多年前，我看过一本小说《双面夏娃》，我觉得人的两面性是自然，但同时让人害怕，人际互动上不知如何与人相处，也不知在何种情况下会无意间触及他人的底线，生活里小心翼翼，还是在无意间伤人伤己。

谁知道，人不止双面，不论你喜欢或不喜欢的他人，往往来自自己内在的投射，不自觉中也呈现出自己内在的阴暗面。孙子兵法云“知己知彼，百战百胜”，其实知己并不一定就是想赢过别人，而是知而后能改，知而后能修身，儒家修身始能家齐。如果不知如何修正自己的不足，不知他人的长短，又怎能趋吉避凶，拥有和谐的人际关系呢？

这不是个案处理，而是在练习的过程，透过他人的协助，看清自己，认识自己，借以提升对自己的觉察，修炼自身，提升自我价值，以解决人世间的各种难题。

谨以此与大家分享，愿各位有不一样的未来。

第5部分

体悟

在学生的眼中：
老赖是一株扎人的仙人掌，针针入里……
老爸看起来没个正经，其实很有心，一招一式
都直指要害……
他淡淡地说：『我知道那种痛有多苦，我无法
替他们痛，但是我可以陪伴。』
如此而已。

借着他带来的光，向前行

Dorothy / 文

课程第二天

谈笑间，樯橹灰飞烟灭

昨天，终于见到了传说中“如师如父”的赖杞丰老师，也略微领教了他的犀利和嬉笑怒骂。

一下课，赖老师就坐在教室的沙发椅点起烟，边抽边跟人聊。他的身上，比常人少了许多规矩，多了很多自在鲜活，真让人羡慕。

别看他口无遮拦、插科打诨，但他有耐心花一整天的时间去了解每个人想要学到什么。当然常常他也忍不住直接拿根“针”扎某个人，然后一边扎还一边跟其他人讲讲玩笑——让我想起生孩子的时候躺在手术台上，为儿子接生的医生一边用刀子割开我的皮肉，一边跟其他的医生聊晚上要吃什么……颇有点“谈笑间，樯橹灰飞烟灭”的感觉。

剩下的几天，就放下预设，安心体验吧。等扎到我再看疼不疼。没扎到的话，就用别人的生命故事当镜子，反观自己的人生咯。

课程第三天

一棵扎人的仙人掌

上午课间跟一位同学在教室外面简单聊了几句，一抬头，斜靠在红砖拱门上吊儿郎当地抽着香烟的，是赖老师。

第一天是五颜六色的花衬衫。第二天是印着漫画的白T恤。今天是被他鼓起的小肚腩撑得有点显短的黄T恤，搭配淡蓝牛仔裤和一双荧光绿、很炫酷的运动鞋。

这个总说自己"很坏"的小老头儿，说话很直。直到今天有位女同学形容他像一棵仙人掌——扎人啊！

扎人之外，这老头儿很有生命力。第一次在课堂上听老师又是屎又是尿地跟我们开荤荤素素的玩笑。

一点不端着。

不仅不端着，还动不动叫我们这些年纪比他小几十岁的人"大哥！""大姐！"……有人用"嬉笑怒骂"描绘他的风格真是再传神不过。

看起来没个正经，其实他很有心。每位学员分享过的话他都记着，就算"扎针"，也用的是不同的手法，看人下菜，对症下药。他一针见血刺到你痛——痛定思痛，改变就更有可能了。

不怕当“坏人”，不屑当“烂好人”，他就是一个很真实的人。

明天是第四天，拭目以待。

课程第四天

没的好怕

喏，就是这个笑嘻嘻的坏老头给我们上了四天课。

中午下课后，我走过去代一位几年前上过他课的朋友向他问好，他说还记得我这朋友。我说朋友拜托我拍张“老赖”的照片给她看看，他就这样举着烟，坐在那儿笑着让我拍了。拍过还要我把照片发给助教转给他，说一定要把他拍得帅帅的才行。我当即把手机里的照片给他看，他表示满意。

他确实是一位不同寻常的老师。

从没见过这么“不正经”的老师，好像老顽童周伯通一样，吊儿郎当的。可他其实一直在暗地里发功，一招一式都直指要害。他戳你是在帮你看到自己的破绽，让你的“功夫”可以更加精进。

下课后往大门走时遇到他，问他什么时候会再开演唱会。2013年他曾经在台北开过《梦 · 人生》演唱会。如果他在上海再开，我想我会去听。哪知他背着双肩包、拉着旅行箱边走边讲：“不开啦！还开什么开，神经病！”搭我车的一位女同学临别前跟他拥抱了一下，我听到他对她说了一句话，但没听清。回家路上，这位原本很有能量但最近状态比较低迷的女同学告诉我，老赖对她说的是：“打不死的小强，快滚！”

从车库走到电梯有一段阴暗的路，我常常因为害怕遇到坏人走得提心吊胆。今天却好像有一个声音在脑子里说：“怕个屁呀，遇到了再说！”这声音听起来……有点像老赖。

课程第五天

谢谢老赖带来的光

又和老赖见面了。

还是那么嘚瑟。连他的白衬衫都不规矩，硬是要镶上一圈五彩斑斓。牛仔裤有点小吊裆，裤脚卷起宽宽的边，裤腿上好些水洗的斑点。鞋呢？一双Y3的帆布鞋，高帮黑面加上橙红的鞋头，盯着看的时候我一直想——好像丹顶鹤哦！

老赖坐在单人沙发里，旁边桌上的花瓶里插着几支香水百合。听着老赖对学员针针见血的辛辣点评，突然觉得这瓶香水百合摆在他身边太违和了。摆盆仙人掌更合适吧？

可老赖也有温情，甚至可以说他很多情。六十多岁的年纪，养老的钱肯定早挣够了，照理说，在家吃吃玩玩或是周游世界都是可以的，他却还到处讲课，揣盒“银针”到处给有缘的人问诊人生，想方设法让学员体验自己内心里被掩埋、被忽略的种种，进而由低迷的状态中“满血复活”，重新找回正能量。

讲这样的课一定很累，可是老赖的精神头一直足足的，一会儿插科打诨，一会儿当头棒喝，好似济公，没个正经，却一心度人。

前天下课前，老赖说，他只是希望我们“看到”。我突然感动得眼眶有些湿润。这个上礼拜才刚在台湾动了视网膜手术，两只眼睛加起来被激光打了快两百发、到现在还视线模糊的老赖，连自己的眼睛能看多久都不知道，却还惦记着想让我们多看到一点。

看到了，就说明有光进来了。

谢谢老赖带来的光。

课程第六天

原生家庭图的宝藏

晚上，我在家完成“作业”——画原生家庭图。

儿子穿着溜冰鞋在一旁晃来晃去，不时瞄几眼。我干脆把他叫住，以他的角度为他也画一张原生家庭图。其中一部分，要写出每个家庭成员身上他喜欢和不喜欢的特点。

在儿子眼里，喜欢爸爸的“温柔、好脾气和宽松（指的是比较容易把密码告诉他）”。

不喜欢爸爸的“暴力”。他所谓的暴力就是爸爸打过他。

“爸爸就打过你那么一次。”我提醒他。其实也就是比较重地拍了他一下，但儿子认定那就是在打他。

“不止一次。”

“两次？”

“差不多吧，反正他打过我。”

我庆幸自己一直坚守着不打孩子的底线，不管再怎么生气都没有打过他。不然一巴掌下去容易，要从孩子心里消掉那印记就难了。

“那你喜欢我什么特点呢？”轮到问自己的特点了，我有点期待又有点忐忑。

“我喜欢你的唯一一个理由就是——你是我妈。”

啊？

“只是因为我是你妈？”

“对啊！我想应该没有孩子不喜欢自己的妈妈。”

“那我身上有些什么让你喜欢的特点吗？”

“嗯……比如你会撒娇。”

“会撒娇算优点吗？”

“算啊，就是比较可爱嘛！”

“还有吗？”

“还有你很搞笑。比如以前你写的微信把我看得都笑尿了。”

“还有吗？”

“还有就是‘你是我妈’！”横竖只要是他妈他就喜欢。

“你不喜欢我什么地方呢？”

“暴躁呀。你脾气不太稳定，本来在生气，一会儿开个玩笑又好了；本来好好的，突然一下子就生气了。你太容易生气了。”

这些我都承认。接着儿子说到他眼中自己的特点：“我爱玩，会找乐子。不像有的人挣了很多钱早饭只吃一个馒头。”纯粹一“享乐派”啊！

“我广交天下豪杰！”说出这一句，儿子特别得意：“我好不容易才想出这一句的！应该说，我广交天下女豪杰——因为我交的豪杰大多数都是女的，只有六个是男的。或者说，我广交天下知识分子。”

我笑起来：“你才刚三年级，啥知识分子呀？”

“小辰懂那么多，跟我比他就是个知识分子！”

好吧，冲你这点年纪能说出“广交豪杰”和“知识分子”这两个词，就算你也是个小“知识分子”吧！

“我也可爱、搞笑。”

这是真的——这家伙是个小活宝。

“那你对自己有不太喜欢的地方吗？”

“有，就是啊……我太胖了，造成我行动不太方便，每次跑步都落在后面。”

课程第七天

他真的很走心

老赖很另类。

到今天我也算上过不少老师的课了，从来没有，我想再也不会见到哪位老师如此轻松愉快地把“刻薄”“贱”“自私”这样的词安在自己身上。连他自己都讲自己“疯疯癫癫，三三八八，啰啰嗦嗦”。

但他又很可爱。

上午一位男同学因为收获太大，忍不住当场表达了对老赖的感激。老赖站在教室中间朝他摆摆手，叫他不要再夸了，不然他会脸红的。然后全班同学就真的共同见证了老赖的脸一点点红起来。

见老赖羞涩了，上次被老赖叫做“打不死的小强”的女生开口帮老赖解围：“老师，你不是说害羞是正能量吗？你脸发热了是正能量上来了！”

全班哄笑。

老赖一点也不端着。讲冰山就讲冰山嘛，其他老师都是坐在那儿，让学员或助教去把“雕塑”摆出来。只有他，撸起袖子亲自上阵，单膝跪地扮起用讨好拽住孩子的妈妈。这么做只是为了让我们看到那个画面，从而得到真切的体验。

见他似乎想要站起身，一位老被他像逗蛐蛐儿一样“挑逗”的义乌男同学，三步并作两步跑过去要搀他——怕他自己起不来。因为昨天写白板时他也是这样单膝跪地，然后是被两位助教搀扶起来的。当时我看在眼里，心生敬佩。就像老赖今天说的，他65岁了，毕竟是个老人了。但他不轻易让我们看到他的不易。

老赖没有让义乌男同学搀，转而要求在雕塑中扮演儿子的学员“扶妈妈一把”。

被扶起的“赖妈妈”声音突然有些哽咽，他说是被“儿子”伸过来扶他的手感动了——作为一个老人。

他真的很走心。

课程第八天

借着老赖带来的光

昨天是老赖八天课程的最后一天，下午在草坪上拍集体照。

有学员冲过去拉着老赖想单独合影，老赖头一仰，身子一扭，说：“你懂不懂得尊重人家，问问我要不要跟你拍？”学员耍赖，拽着他硬要拍，老赖只好站在那儿被拍，却不肯看镜头，把头别过去顽皮地瞪着这个人。

集体照拍好，大家都往教室里走，一位助教请老赖再跟助教团队拍一张合影。

老赖头也不回，“不要！”径直走进教室。“那……好吧。”助教脸上看起来有点失望，但好像很快也就接受了——跟他的课跟了这么久，愈了解他的真实，愈尊重他的选择。

课程结束前，老赖给每个人发证书。认认真真地站在学员对面送上由他亲笔签名的证书，同时送上的还有一个鞠躬，鞠得甚至比学员还低。

好多人想要跟老赖单独合影。轻轻地问一句：“我可以跟你拍张照片吗？”他都肯的。如果不问就想拍，他就把笑容收起来，抱起双臂摆出酷酷的样子。我知道，他其实是想教给我们“尊重”。

合了影，还有很多人不满足，又排队要跟老赖“抱抱”。

我前面一位抱完，老赖笑着皱眉说：“呃，你们怎么每一个都说我像‘爸爸’？”

我对他说：“你放心，我不会这么说的。我只会说你太嘚瑟了、太拽了，我太喜欢你了。”

拥抱时，感觉到老赖的身体暖暖的，肩头软软的。后来看到同学帮忙拍的照片上，老赖的笑很是温柔慈爱。

老赖就要离开教室之际，我突然想起朋友有句话一定要转告老赖：“她说你永远是她最爱的老师！”老赖开心地笑了，问：“你有没有拍美美的照片给她看？”我说还没有。

“那你拍张给她！”说着，他专程从门口走到教室中间，摆出一个酷拽的姿势让我拍。老赖就是这样一个人，爱憎分明，有酷帅，有严肃，亦有柔情。

开车回家的路上，一直闻到一股淡淡的香味——好像是老赖身上的香味呃！我想，没法带老赖回家，带点他的味道回来也好。

借着老赖带来的光，从此成长这条路要更加努力地向前走。

彼岸，不在远方

思文 / 文

他的课程，回忆起来，更像是经历了一场奇妙的旅行，你没法预测下一秒会有什么欣喜的发现，也许是难过的伤疤、痛点被揭开，你会有好奇和期待，也会害怕，但你仍愿意带着害怕，勇敢尝试冒险，因为你会踏实地感觉到他一直都在，他会给你很多爱和力量，但他更会教你如何从自己身上找到力量的源泉。

这是我第二次上赖老师的课了。

和上次不同，让我很意外的是，一直很喜爱他的我，这次课程最后一天，我居然对他生了很大的怨恨，我怨他每次戳我戳得太准、太疼、太狠了，我不敢面对，想逃却又觉得无处可逃。所以课程结束前领证书时，我没有像上次那样大大拥抱他，只是埋怨地噘着嘴，低着头，眼睛都不敢看他，我甚至害怕他也会对我的表现失望。而他好像看懂了一切似的，只是学我的样子，也冲我噘了噘嘴，我记得他的样子很纯真，有点顽皮，有些可爱，又好像充满理解和准许。但当我转身离开他的一刹那，我突然舍不得跟他分别，感觉很难过，心里有个声音在说，我其实是想抱你的啊！

接着助教通知大家，今晚全班同学和老师一起聚餐。平时最热衷参加这种大聚会的我，这次居然很想赶紧回家看爸妈，想陪他们吃饭、跟他们聊家常（爸妈之前出差，正好那晚回家）。这想法让我感觉很温暖，也意外，因为我之前是很没耐心跟爸妈吃饭聊天的。

走在回家的路上，我突然意识到，这是因为赖老师课上所学的收获，开始潜移默化起作用了。我感觉到，在我心灵深处很多微小的地方，变化已经悄悄发生。我感觉惊喜，也不由得加快了脚步往家走，很想快点见到爸妈，突然感觉跟他们亲近了很多，有很多话想跟他们分享，这是之前从来没有过的满满的感动、幸福。

然后我之前对赖老师的怨恨一下子少了好多，转而是一种感激的情感从心里升起来。我有些遗憾没机会表达，但我总感觉他是感受得到的，我觉得这怪老头什么都知道。

赖老师就是这样一个用心良苦而又充满智慧的老师，让我又爱又恨。有时候我恨死他了，但没多久我总会愈来愈觉得自己更有力量了，然后又会很感激他，很想抱抱他啦。他会用心良苦地把我戳得特别疼，很犀利、很精准，但只要我勇敢去面对这个疼，改变就会自然而然发生。原来有时候愈是强大的力量，反而是从愈疼的地方生长出来的。

后来我开始明白，他不会直接给我我想要的东西，而是耐心引导我在我自己身上找到我想要的东西；他愿意救我，但更愿意教我如何救自己！他的课程神奇在，我甚至很难总结出我都具体学到了什么知识，但回到生活中，遇到一些相同困难，我心里会不由自主地升起一些不同的念头、选择和可能性。因为他的课不会生硬地教我们一些看似高大的空理论，而是真诚实在地与我们分享他的生命、他的感悟、他的经验，然后通过很多课堂体验练习，让我们用身体真切地去实践、记住。他说这是身体的智慧，是最奇妙的智慧。课后回到生活中，我会慢慢感觉到很多课上学到的东西，那些不同的东西，它们就像是偷偷地渗透到我身体里一样，一点一点地发芽、生长、扩散，一切，慢慢不一样了。

真正的安全感，来自对自己真实

真正的安全感，来自接纳真实的自己。如果我对自己都不真诚，那我怎么能做到对别人真心真诚呢？

记得第一天课，他让大家分好三人小组后，各自跟组员介绍自己——我是谁。当我听到我是谁这三个字的时候，心里一下子就慌了，巨大的恐惧突然涌上心头，我到底是谁呢？

我想过像之前一样，跟大家炫耀我在工作学习等各个领域的优异成绩，但这么想之后我心里更虚更慌张了，因为我突然意识到，这些成就都不是我。那什么才是真正的我呢？拿掉这些光环之后我心里空空的，很迷茫，原来我真的不知道我是谁啊，还有比这更可怕的吗？

之后赖老师一语道破，他说我和自己内心失联太久了，愈靠外在的认可来武装自己，愈是迷失自己，找不到真实的自己。听了他的点破后，我刚开始很伤心，但伤心之余，又徒增一份踏实，像是找到了方向。接下来的课程练习，我开始有意识地留意身体和心里的微小感受和变化。对于探索我是谁这个问题，我有了更多好奇心。

后来，赖老师带我们用身体体验了各种不一致的沟通姿态互动。全程我都感觉很难受，憋得慌，堵得慌，呼吸不顺畅也很累。我开始感受到为什么我总是跟朋友们表面显得很亲，其实内心很远，总是隔着什么东西。我看到我是怎样为了维护别人眼中的美好形象，而忽略自己、委屈自己。而且通过不真实一致的自己换来的关系和赞美，都会让我更心慌和没安全感，因为我知道别人喜欢的只是我的面具，而不是真实的我。这就像个恶性循环，我以为在关系中，虚假能换来安全感，其实恰恰相反，于是我陷入怪圈，愈虚假，愈没安全感，然后愈没安全感，就愈更虚假。上了课我终于体验到，原来我是有其他选择可以让自己跳出和脱离这个恶性循环的，原来真正的安全感，来自与自己的真实一致。

我知道我需要很长很长的时间才能慢慢找到关于“我是谁”的答案，但也许真实的我，就像失散已久的亲人一样，就藏在每个细微的“当下”等待着与我重逢。就像赖老师说的，都在过程里面。我想，那个真实的我，她也是想念我的吧，她也一定很期待被我看到吧，总是被我忽略，她也一定很委屈和心酸吧。想到这里，我也对她有了些愧疚。

后来，在学习欣赏、认可自己的环节，赖老师让我们跟不同的学员分别介绍自己作为子女、员工、朋友、父母等各种角色，自豪做得好的地方和感人故事。我又一次不知所措了，我很惊讶地发现，我对自己这方面其实很失望、很不认可，原因是我讨厌我的自私。我发现每次为亲人、朋友做些事让他们开心时，最底层的动机是想让我自己高兴，而不是像大家分享的那样，他们是先让对方开心，甚至牺牲自己的开心去让对方开心，这我更做不到了。所以每次轮到我分享的时候我都感觉很羞愧，什么都不好意思讲。最后我憋了半天，很羞愧地说，我其实从没真正为了让亲友开心而去做事，我都是想图自己开心才会去做，比如我周末起大早陪爸爸晨练，是因为陪爸爸晨练我最开心，陪别人我没那么开心，比如我夏天跑到特别远的地方给爸爸买他爱吃的肉饼，也是因为想到他吃到肉饼开心的样子我会特别高兴，但对别人我肯定不愿意这么付出。其实我做这些也是期待爸爸因此更爱我。我分享完，其实挺怕赖老师批评我、鄙视我的自私的，但是他却很自然地说：“这没什么不可以啊，你对爸爸付出，他更爱你了，你们俩都开心了。这至少是双赢的事情啊。”

我听了很感动，也有些恍然大悟，原来我这么做不是错的，是可以被理解、被准许的。我突然有些接纳我的自私了，原来这样双赢的自私是有很大好处的！原来这就是欣赏、认可自己啊！心里顿时感觉好轻松、好坦荡，原来接纳理解和认可自己可以这么开心！原来我总是跟外面求认可，是因为我用这样方式不认可自己，不理解自己。原来我做了好事都不敢认可自己，是因为我对自己有这么多限制、批判和苛责。

后来讲家庭图的时候，有个从小就没怎么见过父亲的女同学分享，她最大的心愿就是能跟爸爸牵着手逛公园、聊聊天。我听了后眼泪不受控制地流下。我之前总觉得得到的父爱很少，因为爸爸老是批评我这里不好、那里不好，我因此责怪他，也觉得委屈，是他让我成年后在异性面前那么没自信，是爸爸让我觉得男性眼中的我是有很多缺点、是很不好的。作为一个女性，我得不到生命中第一个男人——我父亲的认可，所以我经常去向外面的异性求认可，用尽各种方法，甚至伤害自己也乐此不疲。我以为我在填补童年的缺憾，那个心里的大洞。可是这次在课上我突然发现自己是多么可笑，那个我以为很大的洞，其实根本不存在！

我开始感受到，我不是得到的父亲认可太少，反而是很多很多！但是我很少去看已经得到的东西，总是揪着没得到的，而其实那些所谓的没得到，只是没有按照我想要的方式给我，我就自动解读为没给我、没得到。

在赖老师的指引下，我看到我爸爸的方式是行动。哪怕有代沟，他不太认同我一些做法时，甚至在看到我的不足的时候，仍一如既往地关心我、挂念我、牵挂我，有什么好东西都第一时间想分享给我，带我去体验。一个人在知道我有那么多缺点的情况下，仍然不求回报地用实际行动对我好，这不就是最高的认可吗？

原来不擅长讲甜言蜜语的爸爸，一直在用行动告诉我，在他心中我一直是被认可、被接纳的，我是值得被爱的！

当下，就是最好的时候

真相，需要我一层一层揭开。真相，不一定是我小时候看到的那一小部分真相是个多面的整体，它有无数个侧面，需要我站在不同角度观看。

从小我最大的恐惧，就是妈妈随时会抛弃我。让我坚信不疑的证据是，妈妈的口头禅是“你再怎么怎么样（犯错），妈妈就不要你了”，这对我来说太可怕了。长大后，这种恐惧蔓延到我身边所有人身上，我觉得只要犯错，身边的人就都不要我了，于是我在所有关系中都小心翼翼，不敢犯错，更不敢表达感受和需求，因为怕会惹对方不高兴。渐渐地我也不敢去看自己内心的真实想法了，这也是我在各种关系中总是感觉惶恐又憋屈的原因。最可怕的是，像赖老师指出的，我会很钻牛角尖地时刻求证对方是爱我的，这让我自己也很累，但我把这一切都怪到妈妈头上，觉得是妈妈害我活得这么害怕。直到这次上课，我尝试换个角度追根溯源，这个所谓的被妈妈抛弃，它真的存在吗？

老师让大家把家庭图里的故事讲给同学们听的时候，我惊讶自己讲出的却是，从小爱把“再犯错就不要我”挂在嘴边的妈妈，是如何以行动表达，一次次陪在我身边！原来妈妈从来没有抛弃过我，哪怕是我让她特别生气的时候！

后来结合冰山部分老师的引导，我开始看到妈妈说“不要我”，她跟我一样也害怕，也伤心，甚至束手无策，不知道该怎么办才能把我教好。当我尝试做冰山之彼的妈妈那部分时，我听到我小时候，妈妈虽然嘴上说的是“你再犯错妈妈就不要你了”，但她心里想说的话却是“我女儿再不听话，我也永远不会不要我女儿啊”！

就像课上的核对练习，我们说的每句话背后都有至少三个意思。如果是我自己都没觉察、没表达清楚某句话背后真正想表达的那三个意思，又怎么能怪别人不懂我，不理解我呢？就像我期待爸爸能在口头上赞美我、认可我，我期待妈妈不要拿抛弃我来吓唬我，但我也从没清楚地跟爸妈表达过我的期待，只是一味认定他们爱我就应该懂我，哪怕我不说他们也应该懂，所以我不说而他们没做到我想要的，就等于他们不爱我，不懂我。

我需要这样重新去看待的东西还有很多，甚至是全部，我坚信所有不同的看见都会影响我以后做出不同的选择，让我的生命更丰富多彩。这过程中也许还有更多的痛等着，但值得庆幸的是，我知道能为自己做的，远比我以为的还要多。这就足够了，我知道我愿意去做，因为永远都不会晚，因为每个当下，都是最好的时候。

写到这里突然不知道怎么收尾了。也许因为感觉赖老师课上的收获，就像漫漫人生路一样，源源不断，没有结尾，就像他说的，一切都在过程里。跟上次课最大的不同是，我仍然完全信任他，但我懂得了，完全信任对方，绝对不同于我要你对我负责任。真正的信任，建立在独立的基础上，我愿意在生活中尝试他教给我们的东西，至于效果如何，这是我能对自己负责的部分，我猜这也是他最想看到的，我相信他是信任我的。

赖老师说，彼岸不在远方，而是我们走的每一小步都是我们的彼岸。我想，每次当我努力尝试对自己负责任去行动时，每当我为自己做的每个微小的努力，我都是在为自己创造自己的彼岸吧。

彼岸，你到底在哪里呢？如果我们终其一生苦苦追寻的东西，它就像家人的爱一样，不在远方，而是一直都在我们身边从未离开，并且静静地等待我们去发现呢？

赖老师说，这是你自己的生命，我会陪你，教你，但我不会对你负责，因为只有你能对你自己的生命负责。

我想彼岸不在外界，彼岸就在我自己身上，我就是我自己的彼岸。

为自己出征

Jane / 文

此刻，我坐在巴士上，深秋凉意已浓，车内暖意融融。

车窗外的树木快速后退，将黄未黄，尚绿已不那么绿的树叶，在阳光的照射下，有浮光掠影之感，令人分不清现实和回忆。

而过往如碎片般浮现，每个碎片串联在一起，是那么清晰的内在历程，在这个历程里，我自己都不知道，我不惜一切代价，去要自己想要的，甚至于尝着过度自我中心带来的苦果而不自知，是赖老师一次次带我看到真相。我发生一次又一次的变化，心中是对赖老师的感激和敬重。那样的情愫，有父亲的威严和爱，有师长的教导和慈心，有朋友的理解和温暖，我分不清那是什么，因为太多，不以尽数，但是就是那么神奇地在这七个月的时间里，深入引发我生命中各种关系持续性改变，让我进入新的人生历程，更加深入了解自己，了解到自己的有限，看到自己的脆弱、悲伤、无助，去关照自己真正的需要。每当我想起这些，眼泪就会涌出，在一次次的流泪中，我渐渐疗愈。

以有情之心

斩断无情轮回

第一次上赖老师的课，是在四月份，回想那个时候的自己，裹着一身厚厚的盔甲，看似坚强，其实盔甲内藏着一颗受伤、孤独的心，时刻处于保护自己的状态，往往对方还未出招，我就先扔出剑去，自己倒霉，别人受苦，还认为是在保护自己。然而对于这种状态，我并不自知，还沾沾自喜，自以为无所不能，结果第一回合，正式开课十五分钟，就被赖老师抓了个现形。

三人小组讨论时，赖老师在我身旁走过，问我：“你常常喜欢不假思索给人建议吗？而这个建议也并不是你仔细思考后的结果？”当时的我，像被电击一般，满脸发烫，不知所措，但是我很快掩饰自己的窘态，准备解释，确切说是狡辩，赖老师说：“别着急，不要那么急着给答案。”留下满脸尴尬的我，他气定神闲地走开了。

就是这样的一问一答，引发我整整一个下午的身体反应——不停打嗝，内在情绪积累的气节被引动，我开始带着意识向内看地思考。

我常常喜欢给别人建议，这已经成为我的惯性反应模式。我发现内在真正的需要是渴望被看到，被看到就意味着有机会，有机会可以证明自己是好的，是值得被爱的，这样就可以活下去。这样的模式是我童年时期求生存的模式，父亲去世后，我不断被抛弃，如果我是够好的，够乖的，有能力的，可以干活的，不为任何人惹麻烦的，有所贡献的，就能被看到，才是有价值的。给建议是想办法，也是体现价值的一种，会得到认可，作为一个小孩子，我什么都没有，我贡献了我所能做到的。这样就有人愿意抚养我，我不会是孤儿，我会有家，可以活下去。当这样的无助和脆弱被发现时，我理解了我自己，我去体会自己，给建议时，我是忽略了自己和对方的感受的，只想要表达出来我知道的，我懂的，没有思考当下，当然也缺乏了对对方的倾听和感同身受。

这样的发现，令我在以后与人的互动里，更多一份觉察，去听，去看，去感受，而不是着急着给建议，于是我放松了。

课程结束了，余波还在，因为我外在坚强的面具被摘下，我看到自己的脆弱，愿望落空的失落和无助，回到内心深处，不回避，不企图逃脱，不反击，开始慢慢卸下身上的盔甲，一层一层，剥的时候，有痛，更多的是解脱和轻松。那是真实的自己，而不是裹着一层又一层的盔甲的我。我渐渐变得柔软，生出谦卑之心，觉察在生活中对待孩子、老公和朋友的方式，变得温柔和包容。

关系中的因果债，和固有模式难以转化而出现的负面情绪循环，就这样被赖老师的有情之心斩断，通过打破我的固有惯性模式，我发现真实的自己，得以回到内心深处，与那些未竟的创伤共处，于是能理解内在真相。我想真正带来转化和改变的，是看到真相这个途径吧！其他的方式，都是一些抚慰和宣泄罢了。

我打破盔甲，慢慢走向真实、自由。

谦卑

我唯一知道的是我一无所知

四个月过后，来到了八月第二次课程，我带来个案请赖老师督导，因为当时对这个个案倾注了很多的心思和精力，也有一些自己想要去尝试的方向，迫切希望赖老师可以给出我想要的答案。

仅仅是这段内心描述，我就看到自己的模式——想要到自己要的，还期待别人给答案，给自己想要的答案，抓住自己想要的，这样子可以让自己觉得安全。就是这样充满了欲念的习气和强烈的不安全感，驱使我在课堂上和赖老师“作对”，一定要到自己想去的方向，固执地不配合老师。赖老师看到我在咨询中的问题，教我如何做一个真正的助人者。这样的良苦用心我看不到，没有要到自己想要的挫败感和受伤的感觉冲击着我，自大地认为自己是对的，依然不配合老师，还有对老师的愤怒。尽管这样任性和无知，也惹赖老师生气，他还是完成了对个案的督导。

这对我意义重大，让我在课程结束后，迅速调整方向，与案主又有了新的连结。想起来，我对老师很抱歉。老师教会我学会平和地交流互动，学会爱与被爱，把自我中心倾向减轻，学会谦卑和臣服。

这个老头儿，他是魔法师吗？他会点石成金吗？还是他手中有观世音菩萨的玉净瓶、杨柳枝，可以化干戈为玉帛？我不知道，我唯一知道的是他就是那么的真实和丰富。

我已经开始期待第三次和他的相遇了！

从怨恨到接纳

俞崎 / 文

父亲走了，三年前平静地办完父亲的后事，却不知为啥没有眼泪。直到一个人静静地坐在父亲的遗像前，我才突然感到一股悲痛涌上心头，泪水扑簌簌地淌落下来，不停……那一刻才觉得父亲真的走了。

父亲在我的记忆中，只有很少的点点滴滴。1976年唐山大地震当晚，北京家里的灯突然亮起，朦胧中我被父亲用毛巾裹挟着抱出了家门。之后，我只记得那个夏天住抗震棚的游戏和开心，4岁我才从上海姨丈姨妈家回到父母身边，加上父亲只能每周从城里回家一次，所以父亲在我的儿时记忆中是模糊的。我只有在考试不好时，才会期待父亲在家，那样我就可免遭妈妈的打骂。因为父亲从来不会打我，只会在考卷上签下他隽秀的名字。于是我也开始慢慢地模仿他的字体。

父亲在家永远是劳动者，而且是默默的。他在妈妈面前是听话照做的那一个。他一辈子挣的钱从来没有多过妈妈，退休后更是如此。妈妈一直是家庭的主宰者。懦弱和自卑是我对他的评价，从上初中开始，我就和他对抗，从来不愿同意他的观点和说法，我们就是一对冤家。我心里真的看不起他。但是他在其他人眼里却是一个大好人，所有的叔叔阿姨都赞扬他的耐心和善、勤恳耐劳，他曾是北京市的劳动模范。不管他人怎样讲，我都下定决心不要像他一样懦弱无能。从大学开始打工独立挣学费，自己找工作，冒险做期货挣钱，自己买房，结婚后彻底离开家。

可是问题似乎在结婚后出现了，我在自己的家中重复了父母的循环，一个懦弱自卑的我面对强势好强的前妻。我无法忍受前妻，更无法忍受自己的懦弱无能。于是我逃离了婚姻，就如同逃离我的原生家庭一样。婚姻就这样解体了。一夜回到解放前，我几乎一贫如洗。

婚姻的解体让我更加怨恨，是父亲懦弱自卑的个性让我变成这个样子，我拼命寻找解决办法，选择了保险行业，在最艰苦的行业磨练自己，我要成为一个能担当、有能力的男人。生活、工作的压力让我几乎要扛不下去了，那份辛苦、心苦只有我自己知道。

改变是从赖杞丰老师的萨提亚体验工作坊开始的，2008 年两阶段的工作坊让我从心底开始看到了希望，从开始感受自己的感觉开始。课程结束后的大半年，我变得沉默孤寂，大量阅读心理学、佛教等方面的书籍，开始迷恋上萨提亚这门学问。

生命就像抽丝剥茧一样开始蜕变，但并非一蹴而就，我再次经历了两次恋爱的失败。痛啊！痛得我决定一个人独自走完余生。而这些年来，赖老师一直用爱关注着我，用生命陪伴着我。

五年前父亲病倒了，卧床了。身为家中长子的我自然而然回到家中，协助妈妈照顾卧床的父亲。一次与即使病重也依然倔强执拗的父亲争执后，我跑出家门，砸碎了几个啤酒瓶，破口大骂。在游荡平静后，我决定回去和父亲好好聊聊，我想知道爸爸曾经的人生。那次我和爸爸聊了很久——解放前父亲清苦的童年，严厉的爷爷要养活十一个孩子，父亲是如何努力奋斗考入清华大学。慢慢地我开始了解爸爸的生命历程是那么不容易。他对妈妈的宽容和耐心，对我和妹妹的照顾，对外婆的孝顺。现在他老了，卧床了，再也不能每年春节为全家做年夜饭了。

3年前父亲走了，就这样走完了他最平凡不过的一生。

而我还要继续我的人生。骨子里的懦弱和自卑，被我外表的傲气与清高所掩饰。我如何面对？今年我终于决定面对我的难题，8月老爸（我对赖老师的称呼）在台湾的家庭重塑课程中，我提出了这个议题。机缘巧合之下，我在同学的相似案例中扮演她的弟弟，在整个家庭重塑中，我重新体会了儿时与父亲的冲突，当案主对父亲痛述她的不满怨恨时，我心中的怨恨也一下子得到了释放。我真正开始接纳懦弱和自卑也是爸爸留给我的生命礼物，如同他教会我坚韧、耐心、博爱、友善、好学、正义、自立和孝顺等等。此刻的我一下子变得不那么自傲了，不那么自卑了。敢去面对压力去承担，并做一个自信负责任的男人！

这是一个怎样的历程啊！从第一次上老爸的课程，到今天完成这样一个蜕变，那点点滴滴，都是我得到的礼物！

路还长，我还要一步一步踏实地向前走，去经历每一个蜕变。

未完待续

蓝彦 / 文

2016年1月，跟着赖老师学习的八天，我收获了太多太多。

首先我看到了一位真实的人，一位有人格魅力的人，一位用每一个细胞去体验生命、用生命去陪伴别人的导师。

赖老师让我体会到什么是身教，我感受到的是他像父亲一样教导我如何做自己、如何待别人。

从前的我，怨气特别大，父母对不起我，老天对我不公平，彷佛全世界都欠我的，我陷在悲伤、怨恨、依赖、孤独中无法自拔，十分晕眩。这时，有一个强有力的声音："停""做"进入我的身体，烙印在我的脑里、心里，甚至每一滴血液里。没有经历过的人是无法体会这股力量带来的感受的，我不仅能体会到这股力量，还能体会到自身有股力量慢慢升起。

说得这么玄乎，如果没有具体事例，显得像吹牛，下面说说学习结束后我遇到的事情和我应对方式的变化吧。

我和父母的关系一直不太好，似乎在我们之间藏着一把利剑，母亲的炸弹一爆，我焦虑、恐惧、慌乱，剑马上就拔出来了，到处乱捅，对老公指责，对妈妈批评，对爸爸怨恨，对孩子失去耐心，对自己失望、后悔。虽然我也学了一些心理学的知识，懂了很多道理，可是我总是指责和怨恨，对别人还有太多的期待。

一天，母亲因为家务琐事情绪波动很大，人快要疯了，骂了这个骂那个，仿佛谁都对不起她，她是受害者。那声音震耳欲聋，像要把屋顶都掀翻一般。我看可怜的父亲一言不发，默默地离开，出门的时候看我的眼神带着无奈、绝望和无力感；我的老公也一言不发，但脸上写满了不满和厌恶；孩子装作没事人一样，边说边玩，可我感受到的是遮蔽了自己。这种感觉真的蛮崩溃的，在我妈妈快要气疯了地骂完我后，紧张、愤怒、恐惧感充斥着我的全身，以前，这种感觉久久不能散去，压得我什么都做不了，可这次，我体会到这个感受之后，反而给她回话过去简单安抚，但作用甚微。之后我独自一人拿起画本，画起了冰山图，有点乱，不太好进行下去，停了一会儿继续探索，之后稍微平静一些。

后来我直接面对母亲，以前我是不会这样处理的。

我告诉她："我理解你，但你这样的方式我无法接受，你想让我做什么直接说，我会帮你做。"她还是一直骂，说养儿女没用，还不如外人。要是以前，我听了这话特别伤心，不是回骂她就是干脆走掉。这次，我先问清她想要我做什么，了解后我一边帮她做她想让我做的家务，一边说："请你看看我们为你做过的事情，你总是骂我们，难道真想让我们都离你远远的？我知道你觉得苦，觉得自己承担了很多，可是我们也有自己的事情，有时不能猜到你的心思，也希望你理解一下，我得照顾孩子，照顾自己的家，还想照顾你们二老，我能力有限，我在努力学习，妈，我已经很努力了。”我一次性地表达了自己的想法，可能措辞或者语气还有欠缺，但这是我人生跨出的一大步，我终于能够比较平静地理解她并真实表达自己了。

这时我老公和3岁的儿子进来了，老公默默地陪着我做了事后，要带孩子回家，但孩子愿意陪着姥姥，以前的我不会同意，总是特别生气非要带孩子回家，但这次我接受也尊重孩子想法，很自然地告诉老公：“孩子愿意在这儿，就尊重他吧。”

关心，不干涉

回到家后，我们开启了一段谈话。

我先起的头，老公诉说了他的不满，在我的理解和倾听下，老公说了很多很多，我能体会老公在遭到我母亲指责时的心情，我静静地感受他说的内心冲击，我陪着他一起看到他对我母亲的不满根源在于“尊重、人格平等和自尊心”上。

这个过程中，我同时在观察自己，我害怕、伤心，也有期待、理解，以前的我容不得他这样想，学了一些心理学后更是急于解决矛盾和问题。

这一次，我不着急了，矛盾解不解决不重要，重要的是我眼前这个男人，他自尊心受伤的那种悲伤、难过、无力等感觉，让他变得有很多愤怒却发泄不出来，似乎他一有这种感觉就被捂住了嘴巴、鼻子、眼睛和耳朵，让自己密不透气，这种无法宣泄才让人觉得窒息。

我落泪了，他看到我哭了，他说："老婆，我知道你跟我受委屈了。"我好难过，我说："老公，我很难受，以前对你太过分了，我不断地踩着你、压着你，彷彿这样我才有价值、有自尊。其实我很脆弱也很害怕，因为你很优秀，你所做的一点一滴，以前我没看见，现在我擦亮眼睛看得真真切切，你虽没给我房子、车子，但你给了我这世上别的男人给不了我的东西，只有我自己知道，你给我的对我来说有多重要。老公，谢谢你还愿意宠着我这个蛮横不讲理的女人。"

我发现，当我真正理解和尊重老公时，他的表情释然很多，放下很多，轻松很多，这时的我轻松、愉悦、自在。我允许，允许自己发生的一切，允许老公有怨恨，允许孩子疼姥姥，允许父亲采取回避的方式面对矛盾。

内心平静下来时，我给妈妈发了微信，告诉她我知道她的痛苦、矛盾、纠结等感受，妈妈有史以来第一次很快回复我，语气缓和了很多。

接下来，母亲情绪好很多，可是父亲却像被一座大山压着一般。我看着心痛，父亲一天没怎么吃东西，在外面游逛了一上午，中午不知去哪儿。以前，我会讨厌父亲这样，默默骂他没有勇气面对，但我一样没有勇气面对他。那天我主动发微信给父亲，找个借口让他来我家吃午饭。父亲很颓废，饭没吃几口，待了一会儿就要走，我也不知该说什么，内心充满了悲伤和无奈。晚上我坐在计算机前发了好一阵呆，体会着内心的感受，特别复杂。这时，“做”的声音出来了。对，我得做点什么。去三角化，我可以关心我的妈妈，关心我的爸爸，但不干涉他们的关系。

如何单独关心，我拿起手机，给父亲发了微信，告诉他我对他的理解和关心，告诉他，我没办法代替我的母亲，我此刻能做的是陪他聊聊，让他说说内心的苦闷。他话很少，只说他没法活了，这时我告诉他我爱他，我虽不能做什么，但心里有他。他说他只能认命，我告诉他我不认命，我相信会慢慢变好，我要他给我一个长寿的父亲，因为父亲就是我的精神支柱。说完，我觉得他好像松了一点点，我给他发了一个大大的红包，逗他开心一下。

回想这两天的历程，也不知自己是怎么做到的，但我就是做到了。可能不够完美，但是只有我知道其中的不容易，只有我知道自己迈开了多大一步。我为自己竖起大拇指赞一个。

继续努力，未完待续。

我们都已上路

玉言／文

几百人的大课不是我要的，名声与地位已经不是我的重点。我只想在十几二十人的小团体中，让你们有更深入的觉察和体验，我会陪伴每一个有缘人，陪伴你们走过生命中艰难的历程。

——赖杞丰

我和谁都不争
和谁争我都不屑
我爱大自然
其次就是艺术
我双手烤着生命之火取暖
火萎了
我也准备走了

英国诗人沃尔特·兰德（Walter Savage Landor,1775—1864）暮年写下这首题为《生与死》的小诗，杨绛曾将它翻译成中文，呈现出一种从容、睿智、淡泊的人生态度。

而这些天在赖杞丰个人成长工作坊中，我也感受到了这样的情怀。

课程结束时，赖杞丰生命家园统筹于露老师对学员说：

“你们这个班可以称得上VIP头等舱了！跟课八年的我都很羡慕你们，因为人少，处理的深度和细节都是之前少见的，你们太幸运了。”

这的确是赖杞丰生命家园首次通过自己的平台组办的课程，本着赖老师一直以来的期待“不求多，只帮有缘人”，办得小而精。全程十一位学员、一位助教。

在一阶段结束的最后一堂课，赖老师说道：“谢谢你们对我的开放和接纳，你们也让我有很多的学习。我不需要做几百人的大课，名与利对我来讲已经不是重点，我希望在我剩下的生命中做点自己能做的事。我只想在十几二十人的小团体中，让你们有更深入的觉察和体验，我会陪伴每一个有缘人，陪伴你们走过生命中艰难的历程……”

在老师的哽咽中，我也看到了这位闻名已久的萨提亚名师的情怀。他慈悲、真实、犀利、谦卑，心有大爱且虚怀若谷，洞悉世事又嬉笑人生。

他真的不是在讲授知识，他的所学所获似乎已经溶入血液中成为他身体的一部分，活灵活现，信手拈来。除了充满洞见的语言，还有极其形象、精准的肢体动作和表情，学员就在他的嬉笑怒骂中看见自己。

他的敏锐与细腻，常常让学员们恍然大悟，惊叹不已。他留意着学员的语言、动作和细微的状态变化，尤其语言，可能学员一句不经意的句子甚至是用词遣字，他都能细腻地捕捉到其间传递出来的信号。

学员T在做完萨提亚家庭雕塑之后表达："我觉得妈妈一直拉着我，我好累。"

"拉着妈妈裤腿的人难道不是你吗？"

"是因为我觉得她需要我，所以我才拉着她。"

"所以你在现实生活中也是这样对待你身边的人，好像觉得对方需要所以你付出，但你又会反过来抱怨对方……"

T本想反驳，但低头几秒后突然瞪着惊讶的眼睛，连忙点头认同，"是这样的。"他的慈悲与"狠毒"，让人又痛又爱。他全然地接纳每一个生命，因为他深知每一个生命都不容易，更知道只有面对真相、自主改变，我们才能跨越生命的这些痛苦，得到真正的安宁。

面对一个习惯把责任推给他人，而自己总是扮演楚楚可怜的受害者的柔弱女学员M，老师犀利地说："你很坏！你总想用你的楚楚可怜给人家挖陷阱，这样你就可以抱怨别人了。"在一个缺乏行动力的学员滔滔不绝地说着自己上课的收获，以及接下来要怎么做的时候，老师毫不留情地问："这样的演讲，要到什么时候才能真正去做？"

就在这般毫不留情的犀利之下，学员们开始正视自己逃避已久的真相，思考自己可以如何改变。

"这四天我看清楚了自己生活中很多问题的根源，看到了很多行为底下自己都意识不到的东西，也清楚了一些应对的方式和选择，我知道该怎么调整自己了……”

“今天我才发现，这么多年来我只有太阳穴以上的大脑，而太阳穴之下的部分只是一个躯壳，甚至只是一个符号，我忽视自己太久了……”

“我上过很多心理学的课，但从来没有像这四天这么累、这么开心过。我看到了自己总是习惯编造悲惨故事骗别人更骗了自己，我决定要开始学会为自己的生命负责任，感谢老师的用心，感谢大家的陪伴。”

还有更多更多……

十一位学员，从第一天每个人都带着自己的议题和困惑进入这个教室，渐渐地，他们彼此敞开，彼此学习和鼓励，俨然成为了亲密的家人。每一个人都在这个教室里坦露自己的脆弱、不堪、阴暗和痛苦，也是因为这份勇敢的坦诚，他们才能彼此照见和启发。

比如Z先生，他面临着即将破裂的婚姻与家庭，在课程的练习和对话当中呈现出一个懦弱、虚伪、自以为是的形象，在老师的引导和同学的鼓励下，他在第四天的课程中痛哭流涕，说出了真实有力的话，让在座的每一个人都感动又欣慰。

这也是家庭治疗的神奇之处吧，你可以在这个人身上看到自己的软弱、逃避、不负责任，在那个人身上看到自己的虚伪、自卑、恐惧，而借由他们在治疗中所做出的思考和改变，也给了自己一份思考、力量和希望。

短暂的四天，有学员的内在发生了巨大的搅动和变化，也有学员还处在觉知自我之后的缓冲阶段，但不管或大或小的变化，我们都已上路。

感谢这位漂洋过海来讲学的老师，让一个个灵动的生命带着勇气、爱和希望，继续前行。